Ce livre est offert par

....

poli(e) et bien élevé(e),

à ....

qui va le devenir.

Pour Marie, à nos vacances hendayaises !

Direction de la publication : Isabelle Jeuge-Maynart et Ghislaine Stora
Direction d'ouvrage : Justine de Lagausie
Direction éditoriale : Stéphanie Auvergnat-Junique et Florence Pierron-Boursot
Édition : Marie-Claude Avignon
Responsable artistique : Laurent Carré
Mise en pages : Laurent Carré et Lucie Dromard
Illustration de couverture : Philippe Jalbert
Révision rédactionnelle : La Machine à mots
Fabrication : Rebecca Dubois

OKIDOKID a mis sa créativité au service de ce livre.

© Larousse 2014
21, rue du Montparnasse - 75006 Paris
ISBN : 978-2-03-591290-9
Photogravure : Irilys
Imprimé en Espagne par Estella
Dépôt légal : septembre 2014
314277-02 – 11036152 - mai 2017
Conforme à la loi n° 49956 du 16 juillet 1949
sur les publications destinées à la jeunesse.

Toute reproduction ou représentation intégrale ou partielle,
par quelque procédé que ce soit, du texte contenu dans cet ouvrage,
et qui est la propriété de l'éditeur, est strictement interdite.

Le Dictionnaire des bonnes manières

Philippe Jalbert

pour enfants et pas que...

LAROUSSE

Quand on rencontre quelqu'un,
on dit : « Bonjour ».

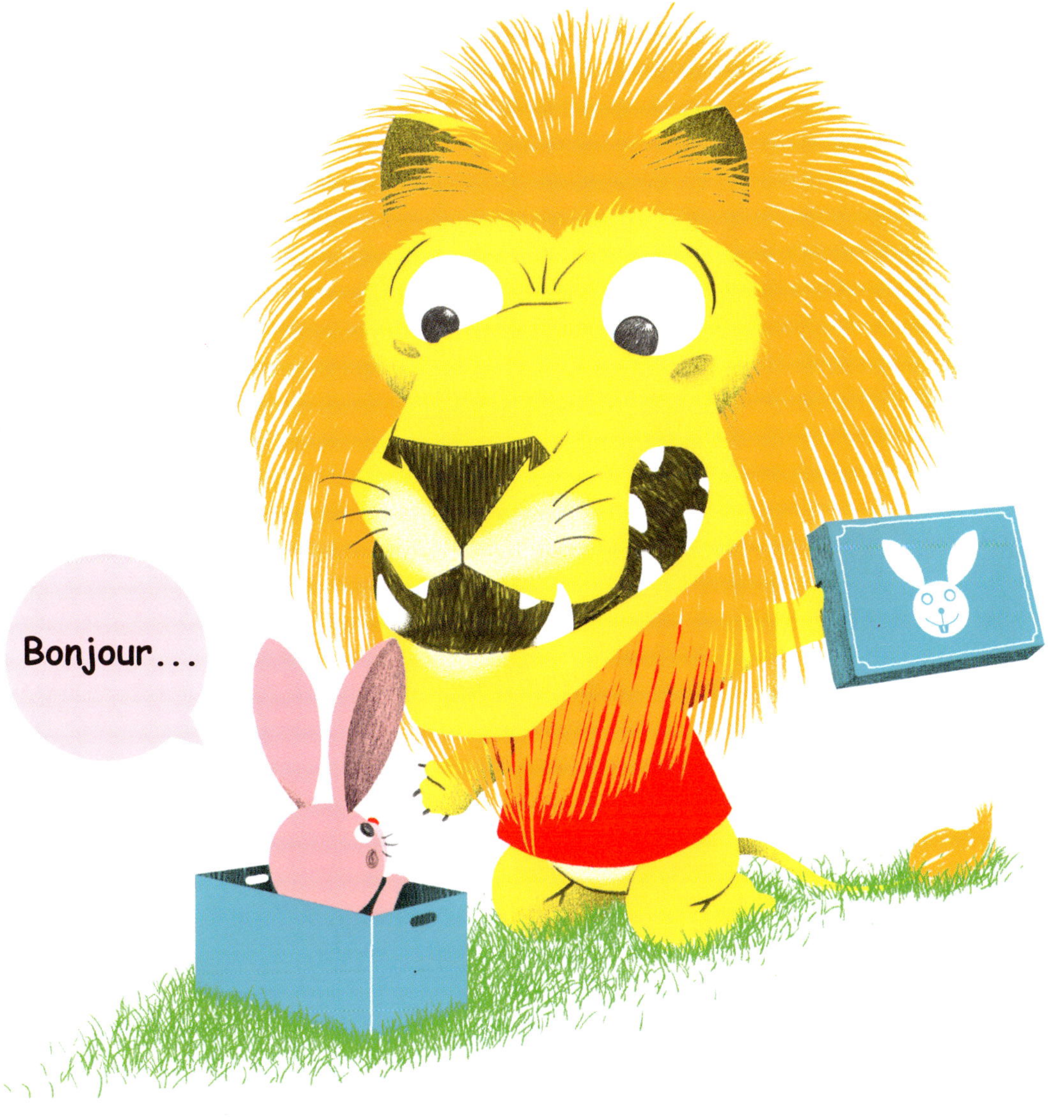
Bonjour...

Dans les transports,
on cède sa place
aux personnes âgées,
blessées ou handicapées.

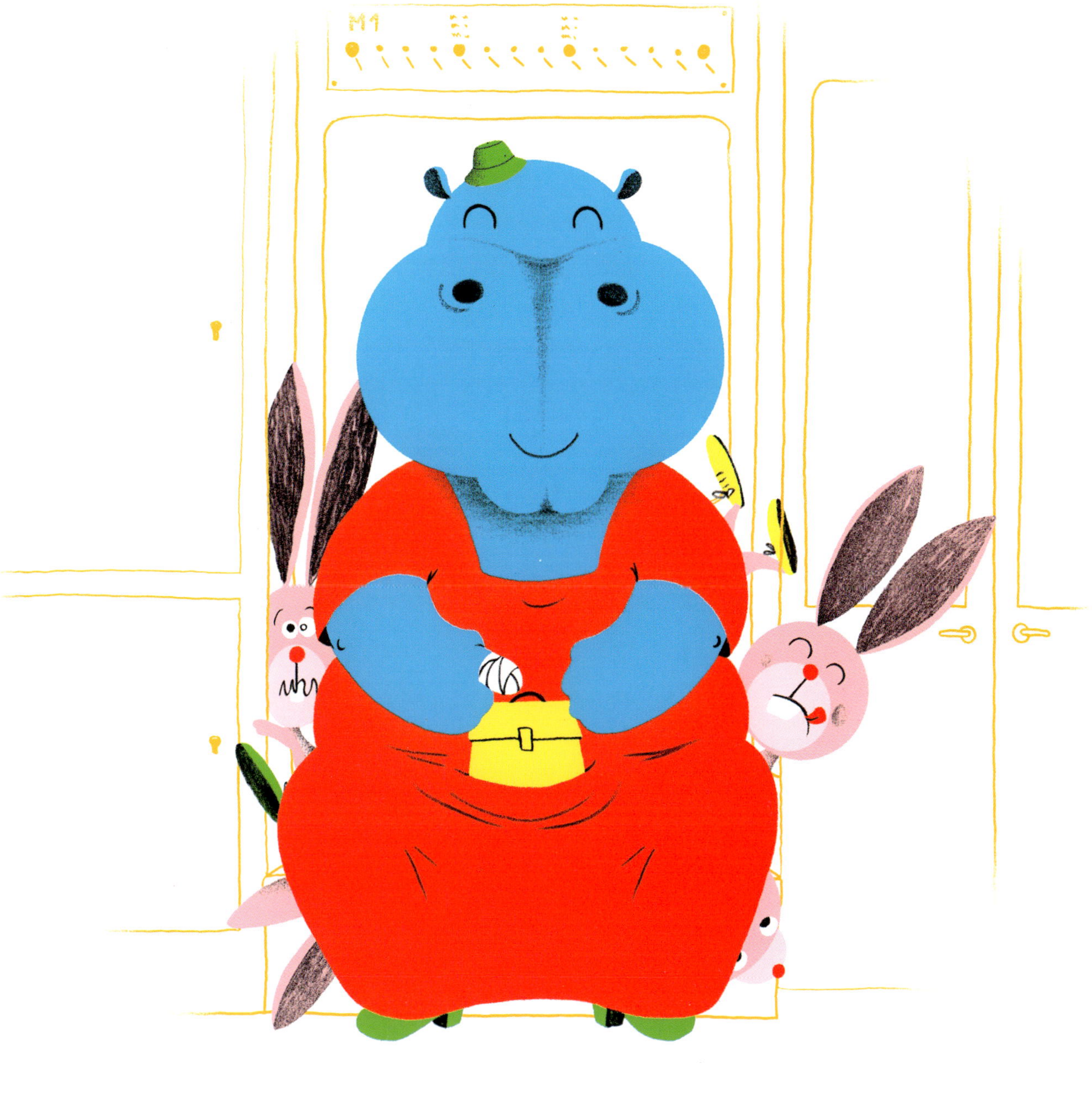
M1

Avant de faire quelque chose, on demande la permission.

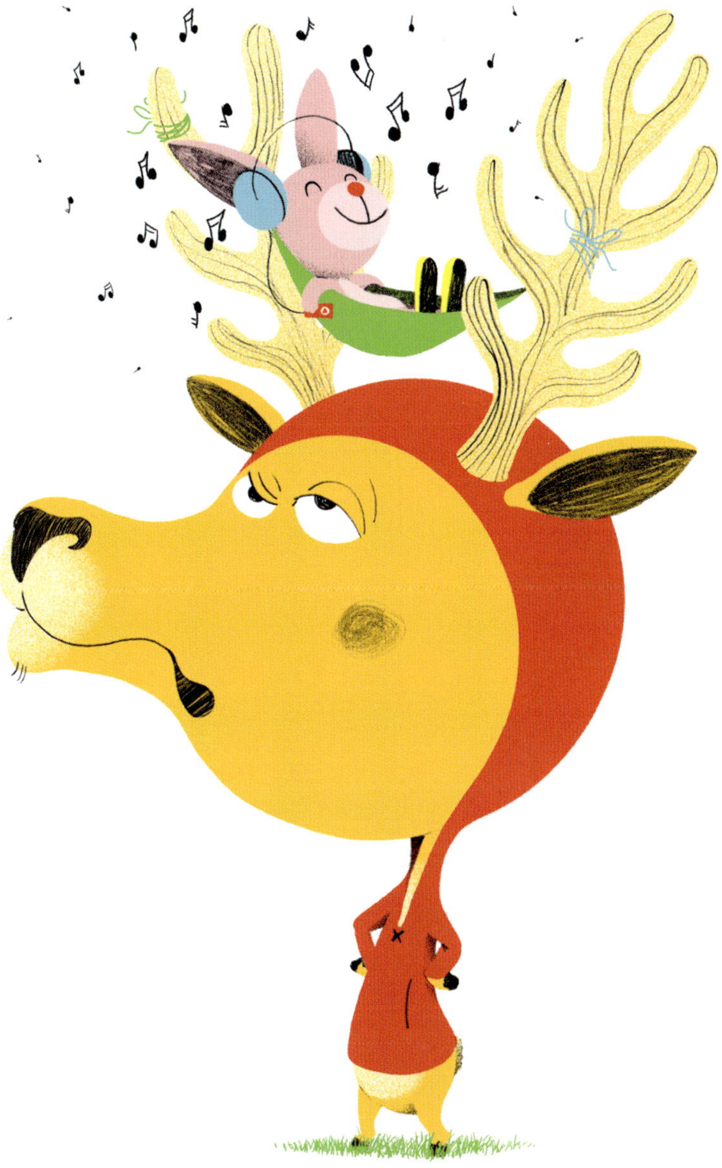

On ferme la bouche
quand on mâche.

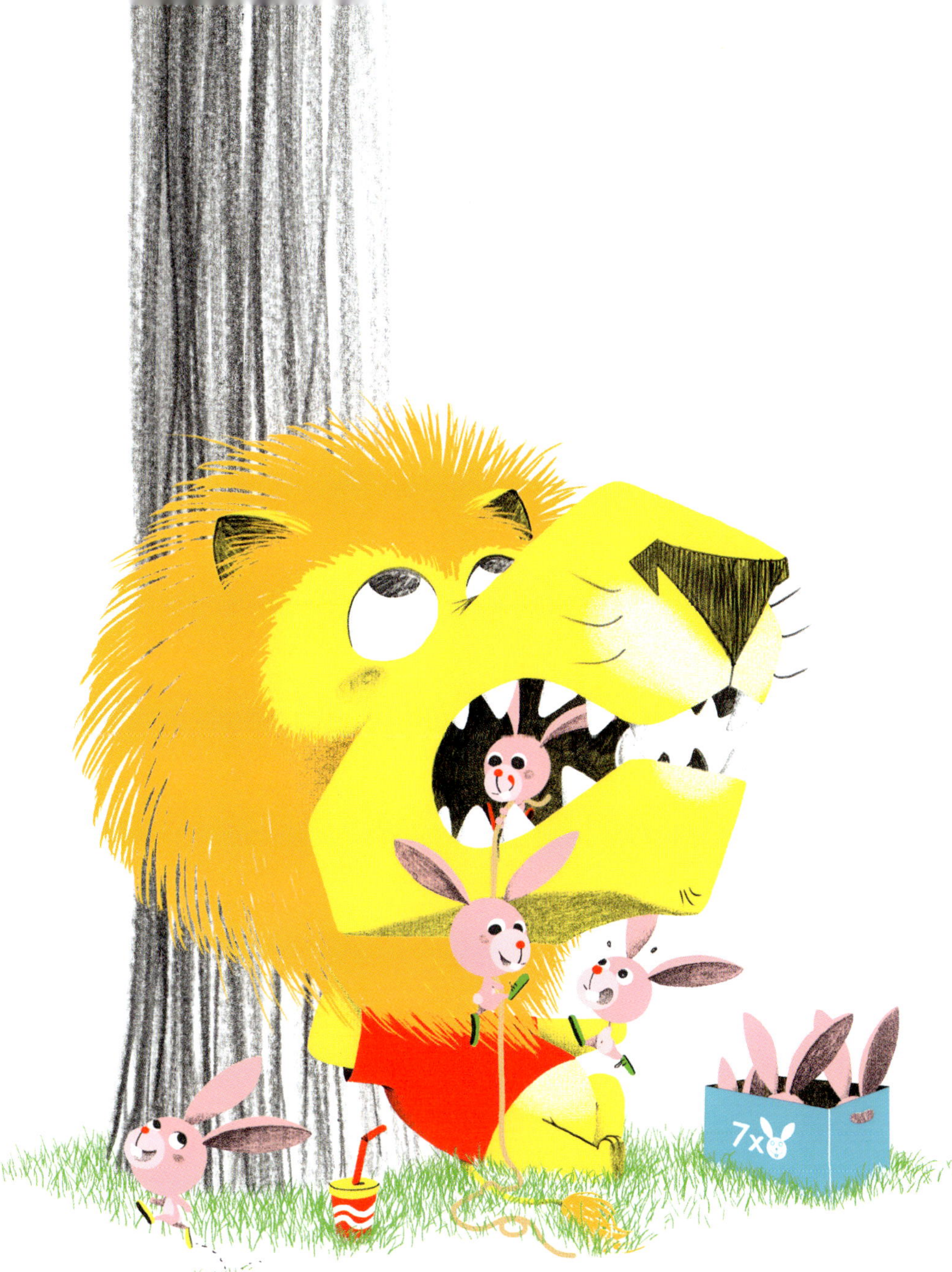
7x

On frappe
avant d'entrer.

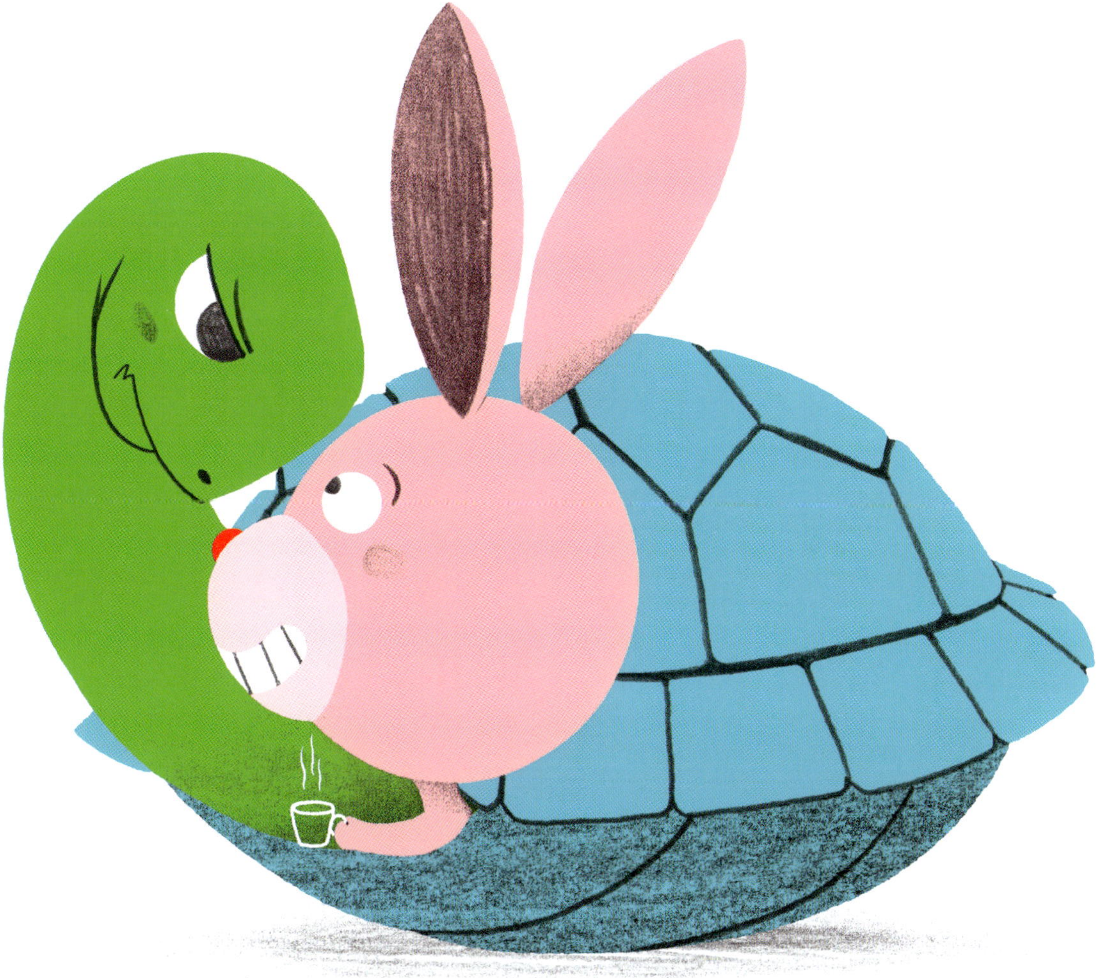

On ne se mouche pas avec les doigts.

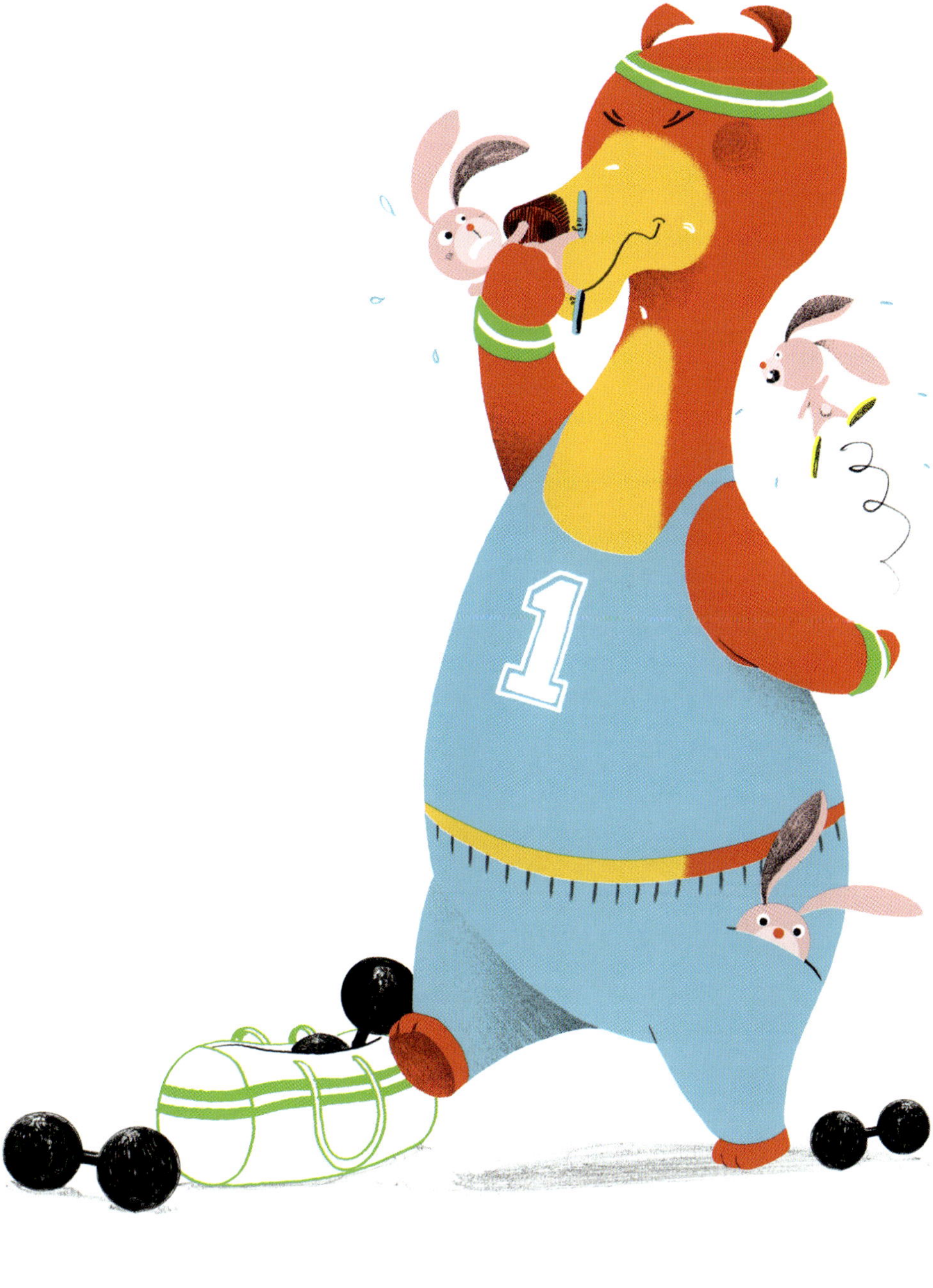
1

Quand on éternue,
on met la main
devant la bouche.

ATCHOUM!

On ne se gratte pas
les fesses en public.

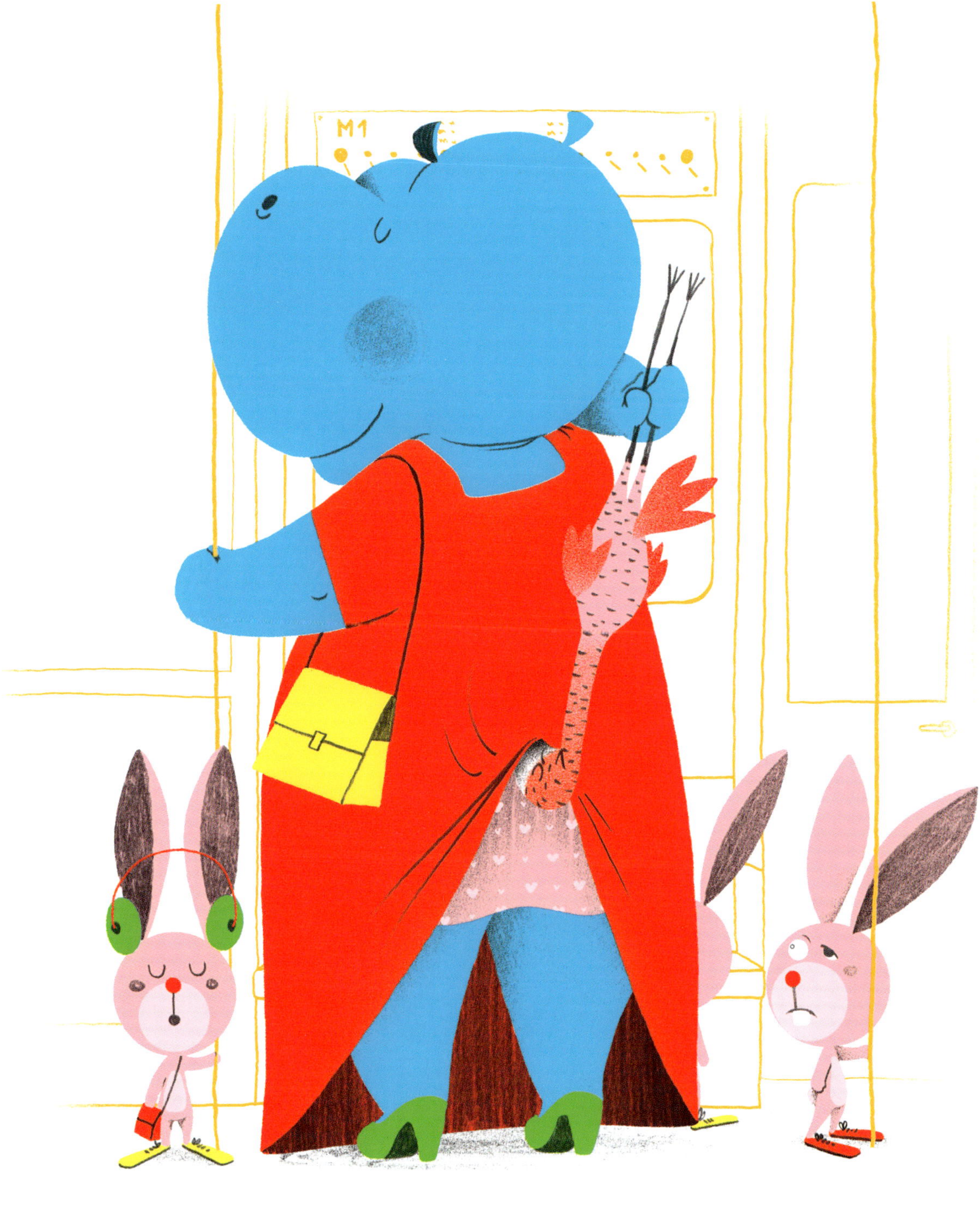
M1

On ne fouille pas dans les affaires des autres.

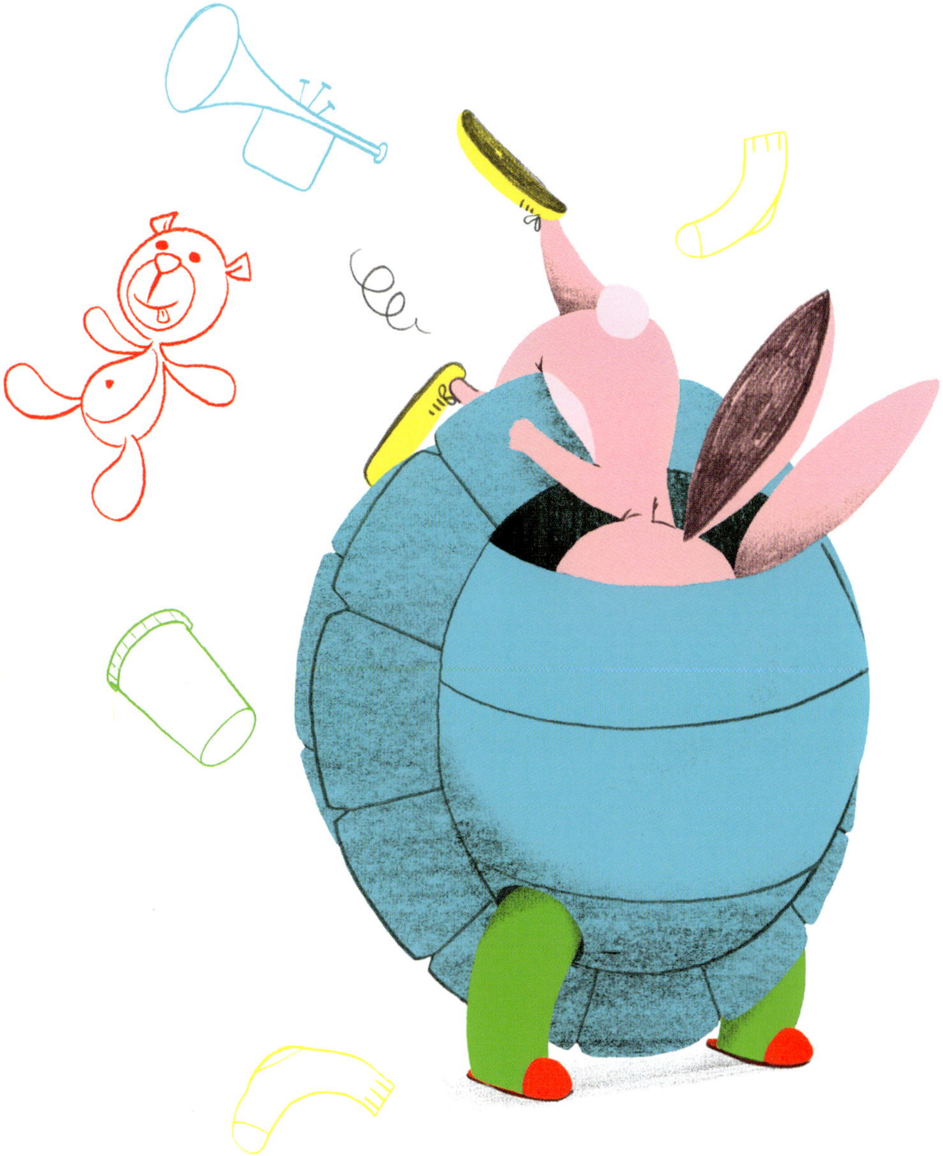

On goûte avant de dire :
« Je n'aime pas ».

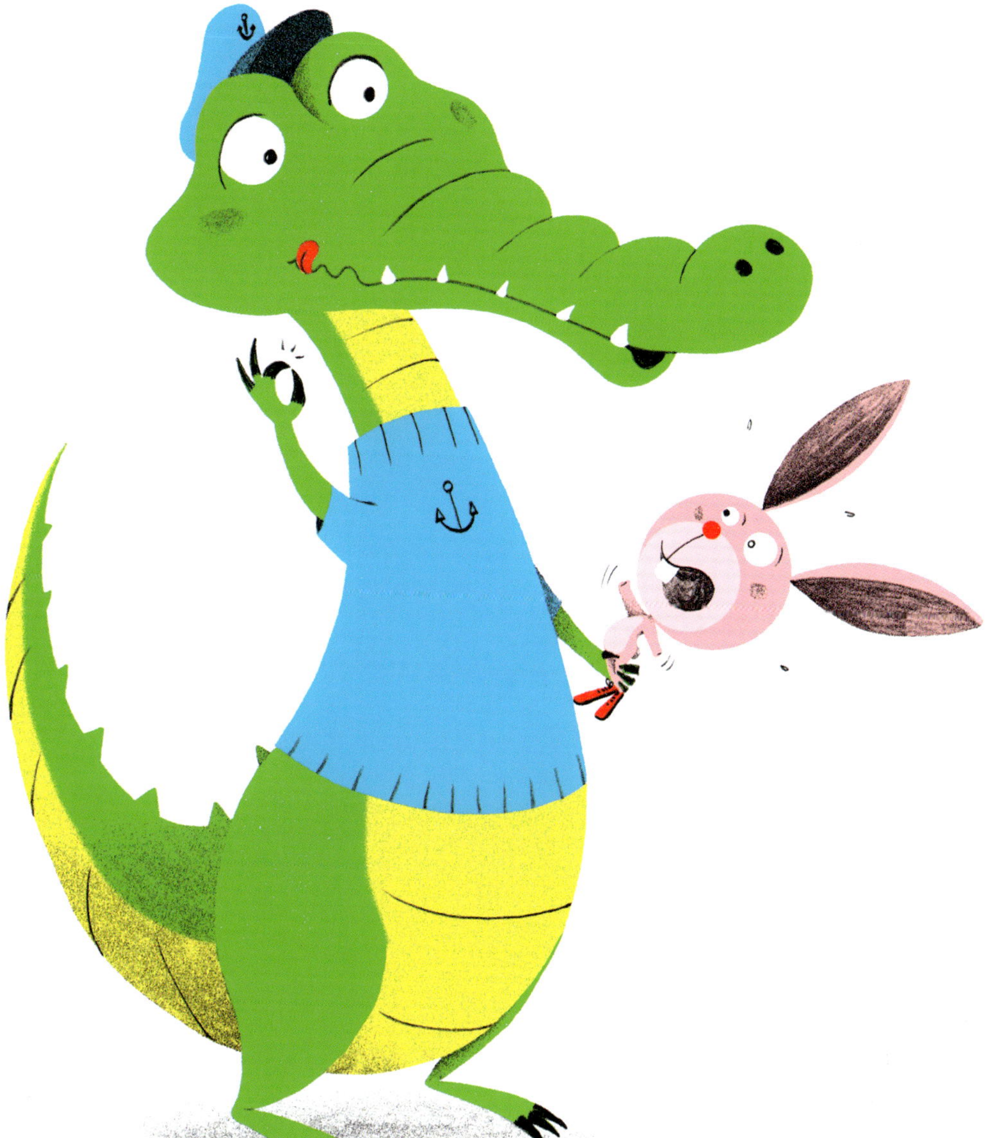

On ne joue pas
avec la nourriture.

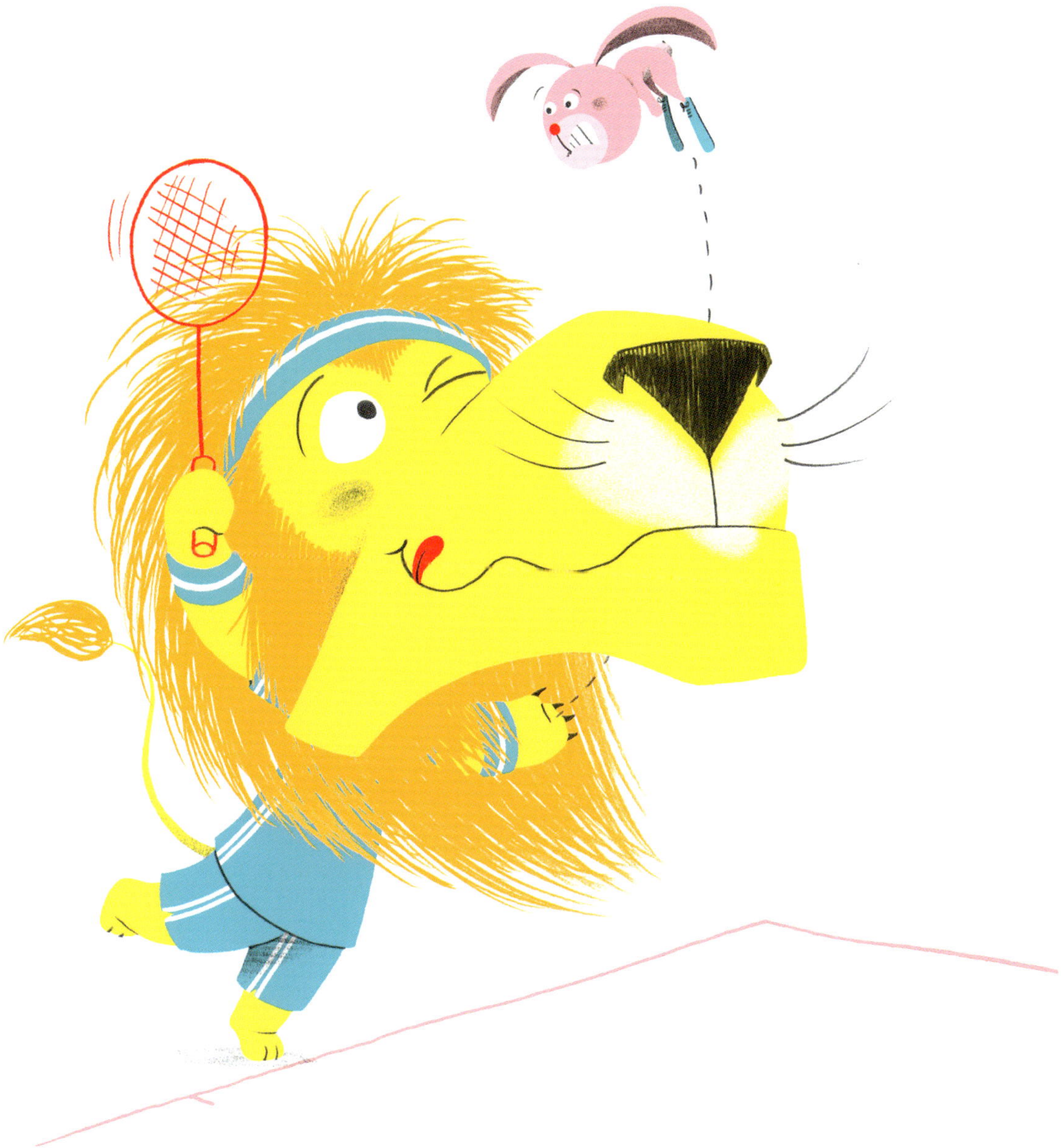

On rend toujours
ce que l'on emprunte.

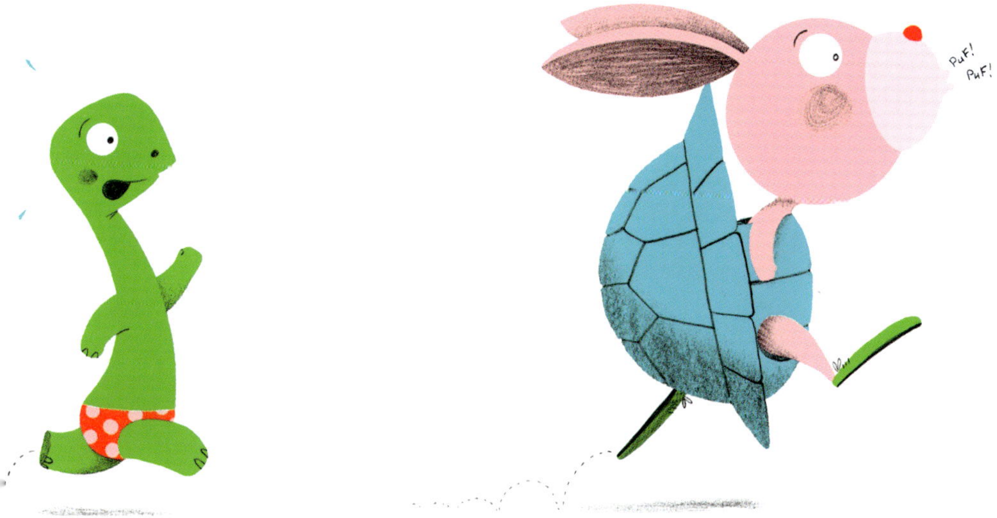
PuF!
PuF!

On demande
avant de prendre
la dernière part.

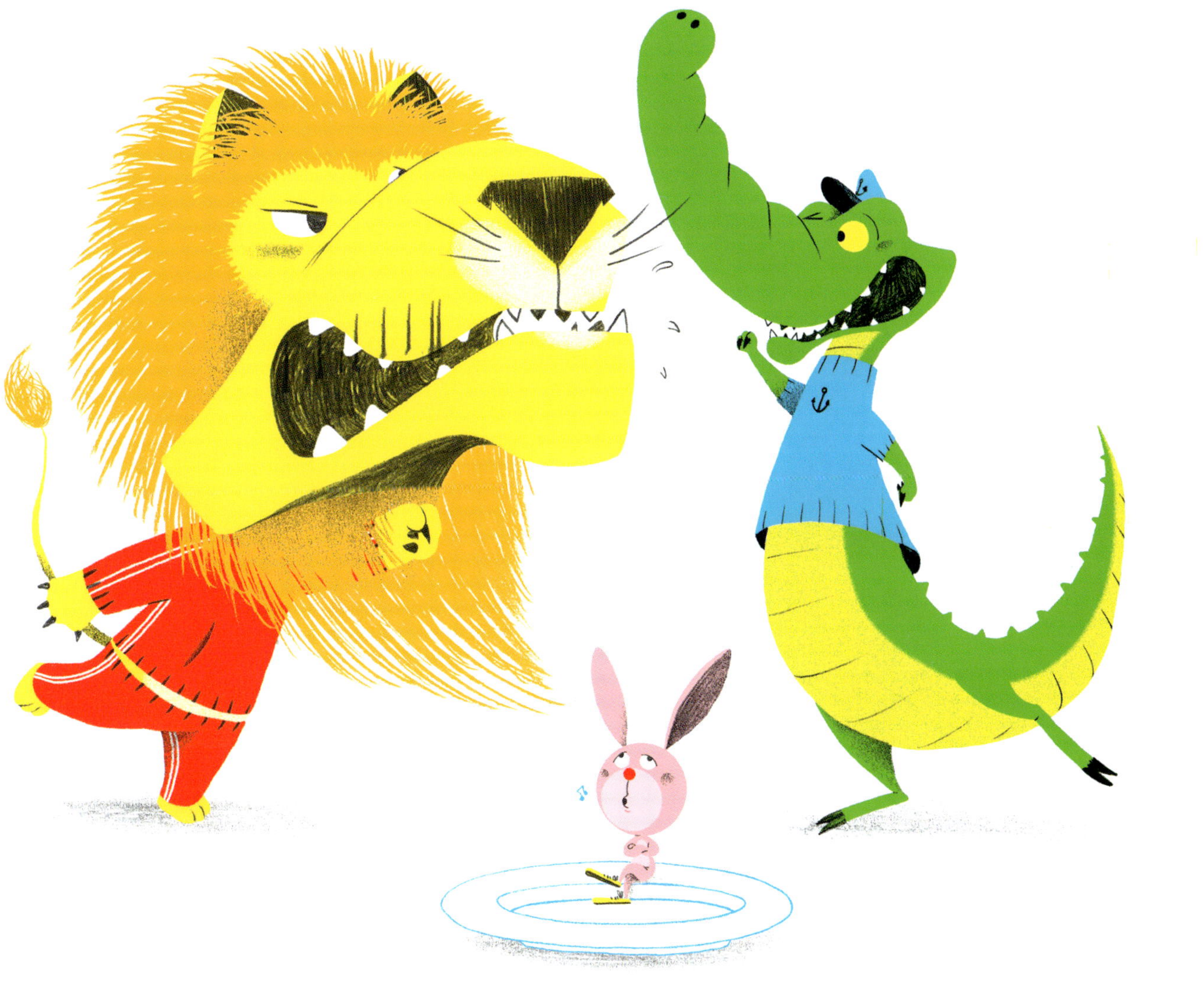

On prend soin
de ce que l'on emprunte.

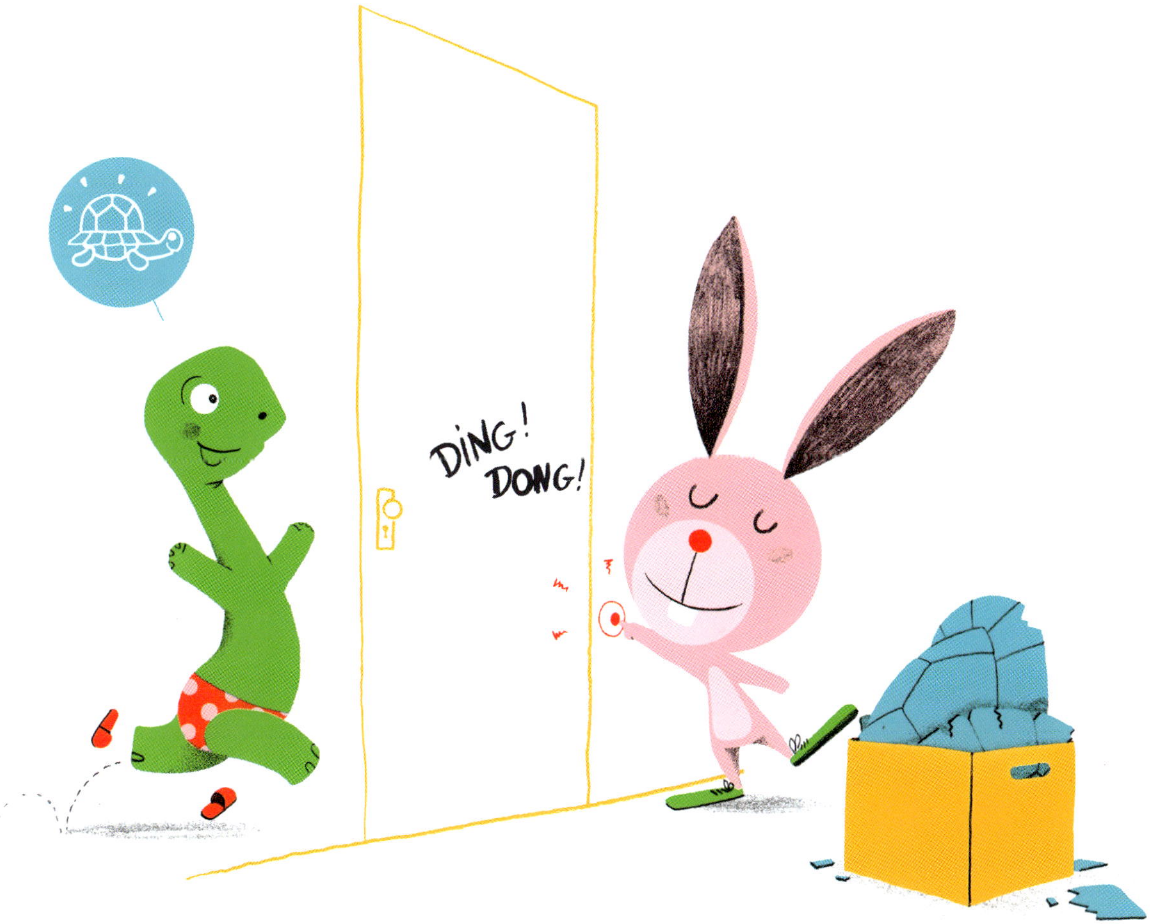
DING!
DONG!

On s'écarte
quand on a envie
de faire un pet.

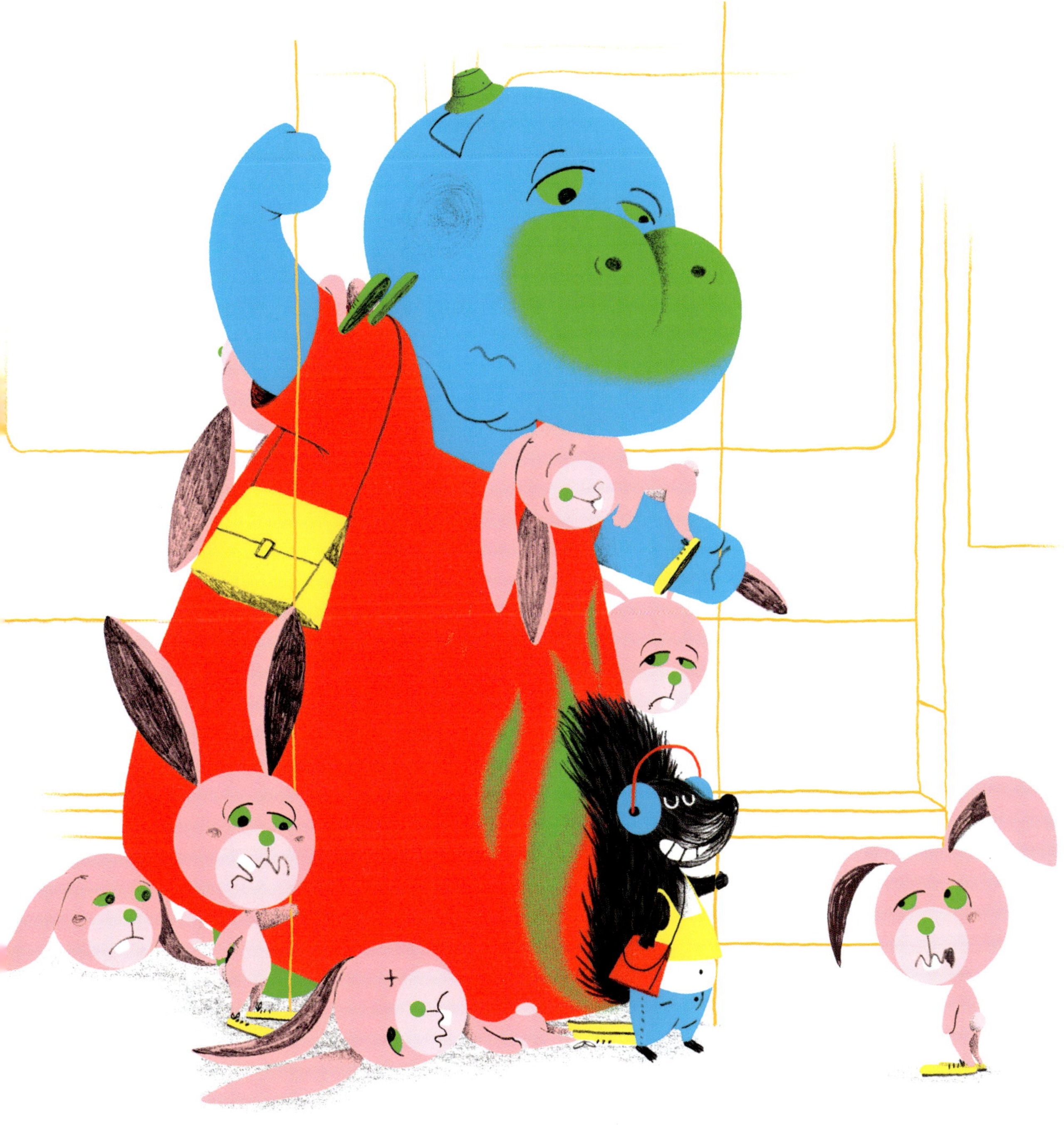

Quand on est invité,
on n'arrive pas
les mains vides.

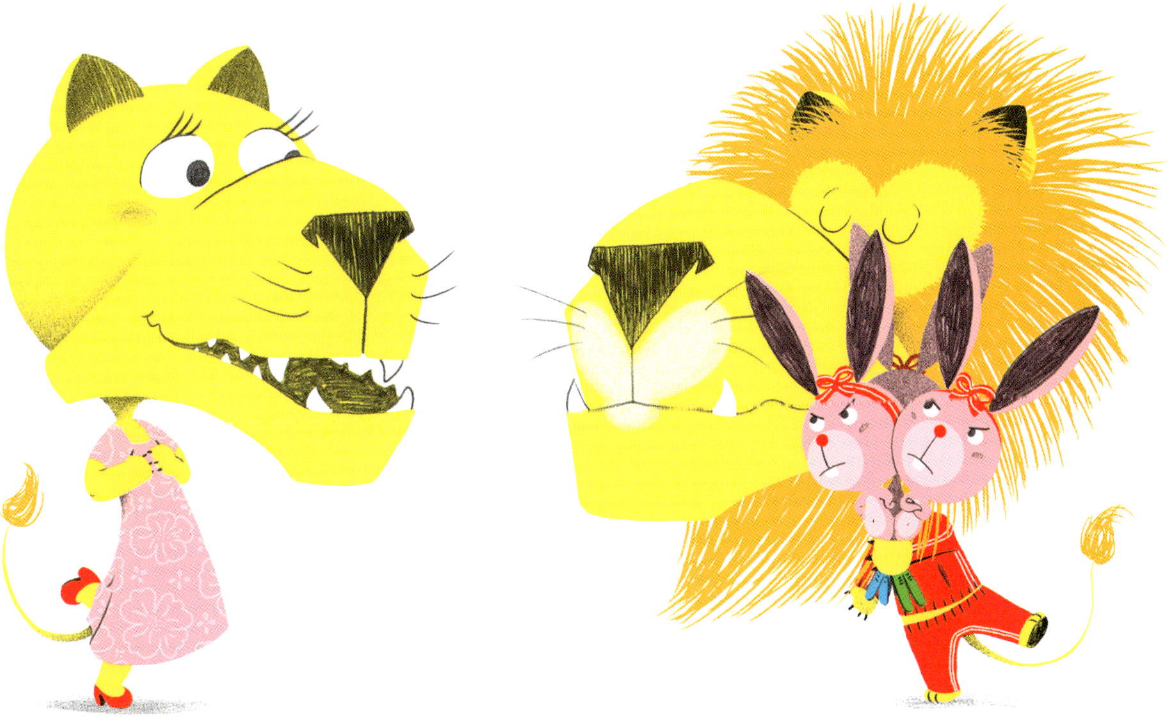

On ne se bagarre pas.

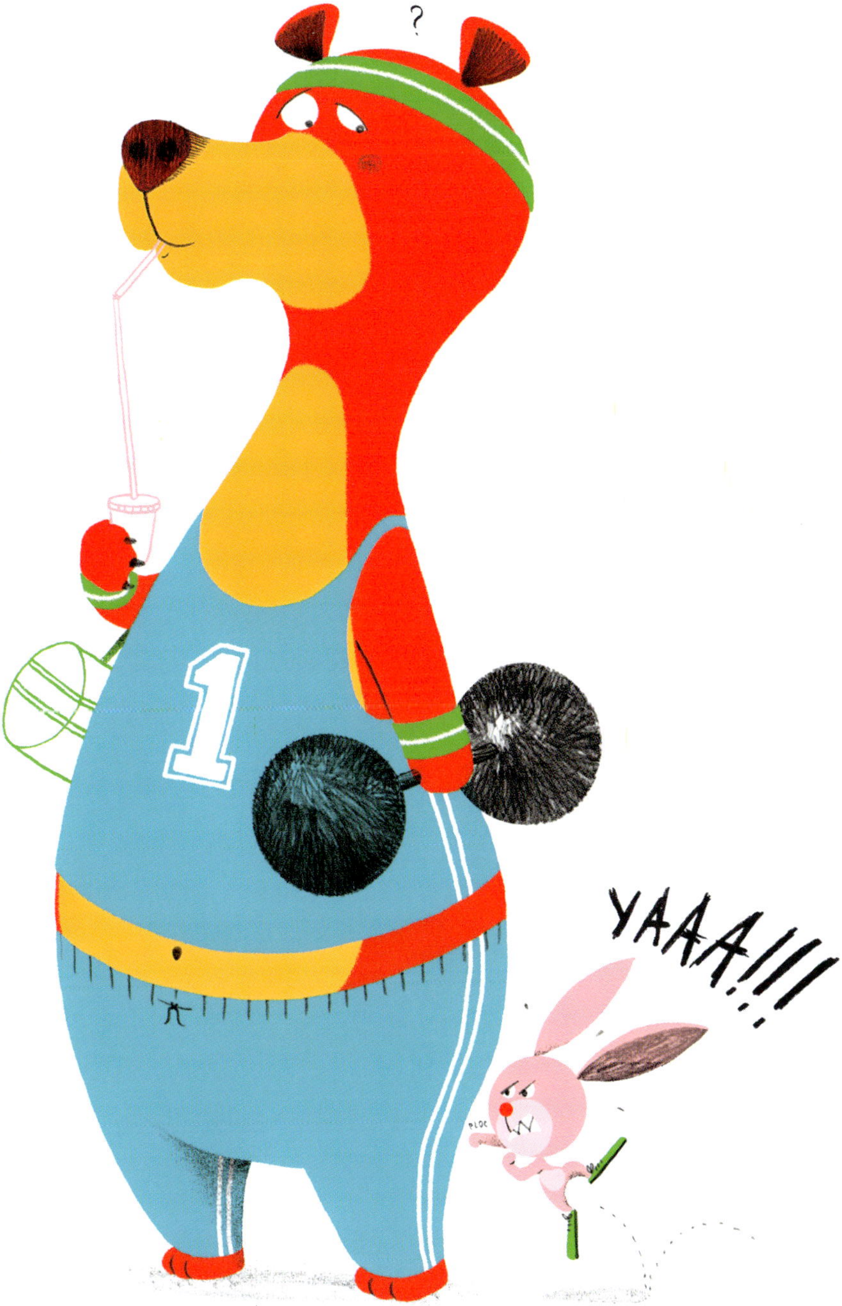
?
1
YAAA!!!
PLOC

Quand on nous fait
un cadeau
qu'on n'aime pas trop,
on ne fait pas
la grimace.

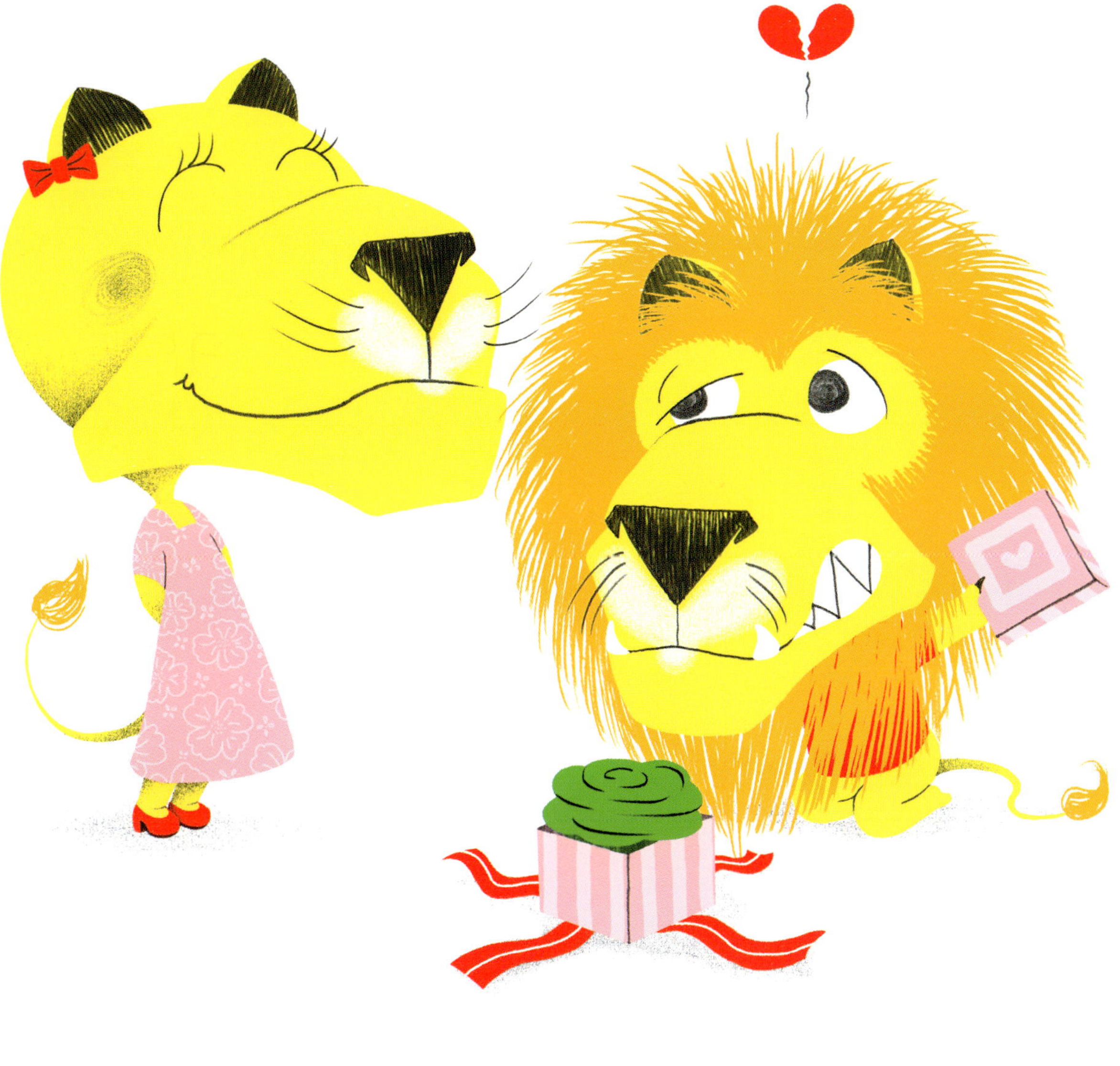

On ne met pas
de trop gros morceaux
à la bouche.

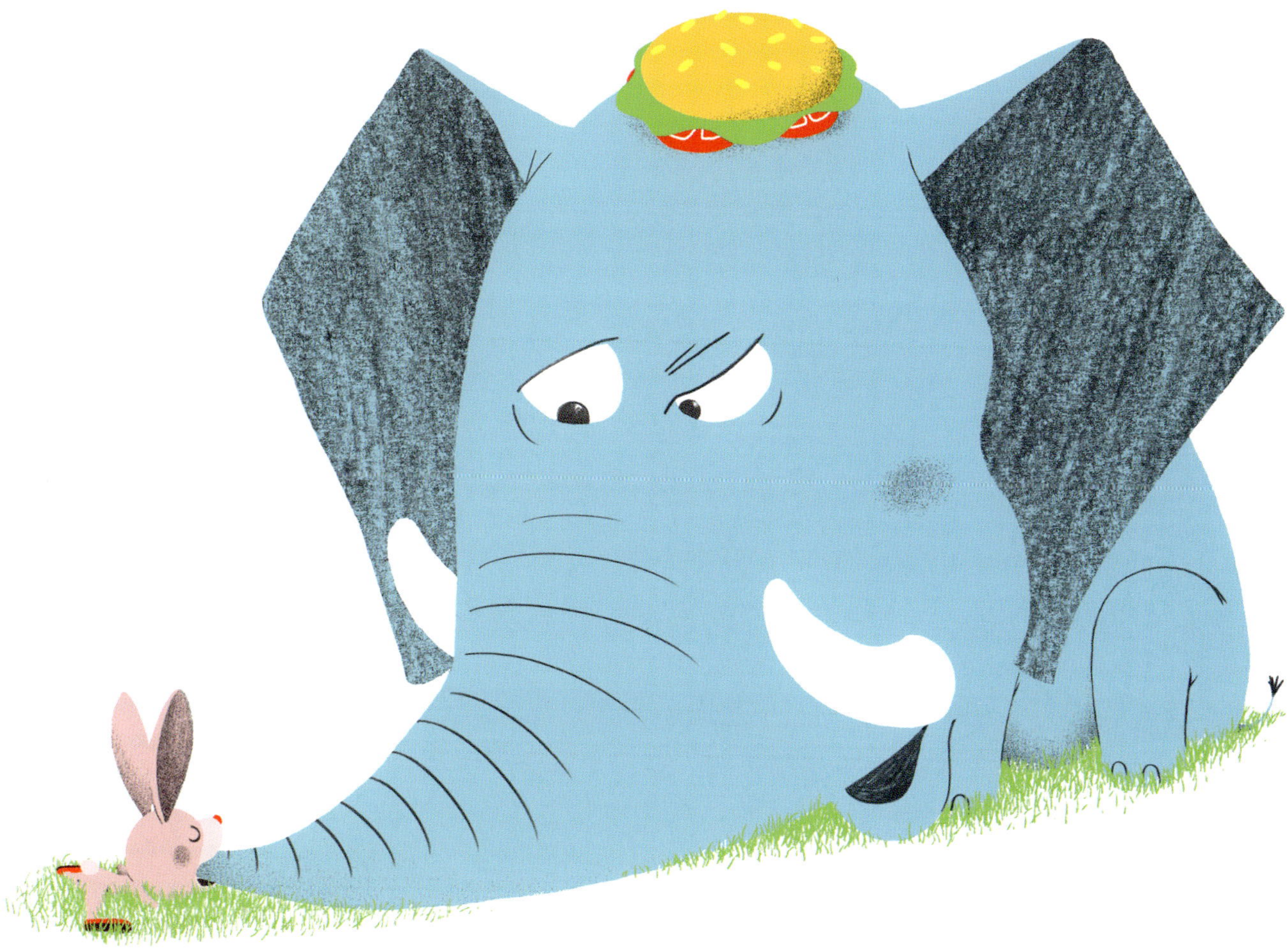

On ne parle pas
la bouche pleine.

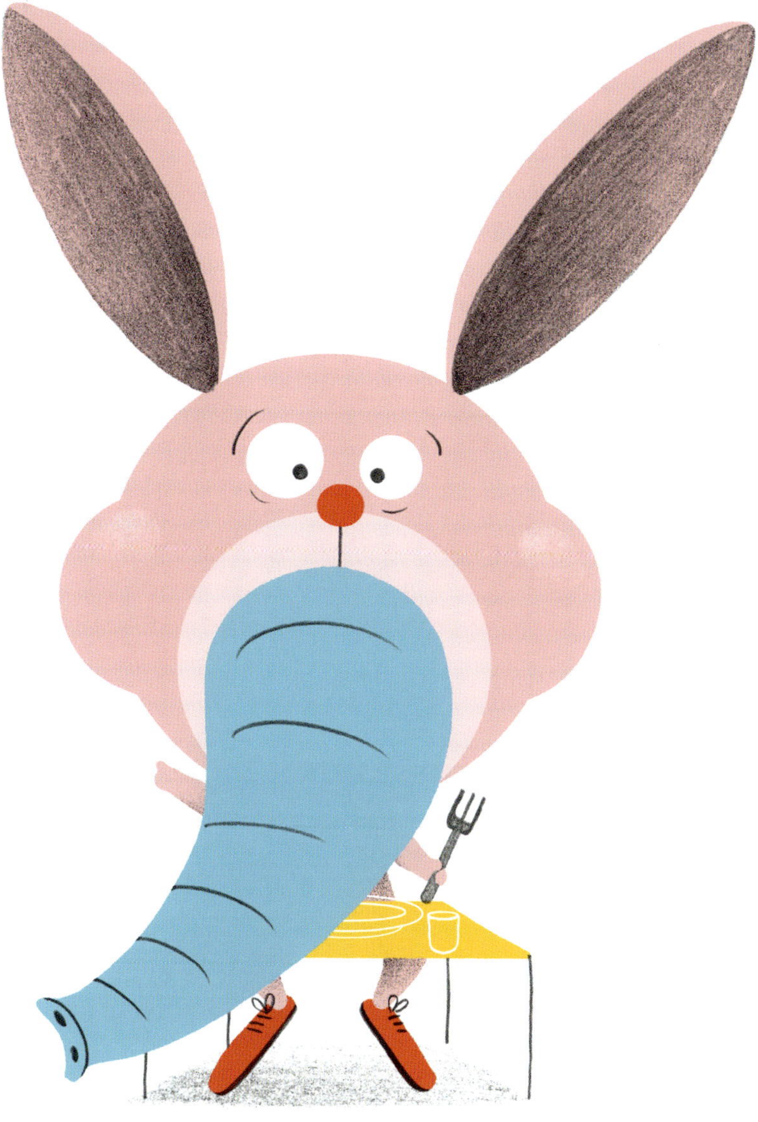

On ne recrache pas,
même si on n'aime pas.

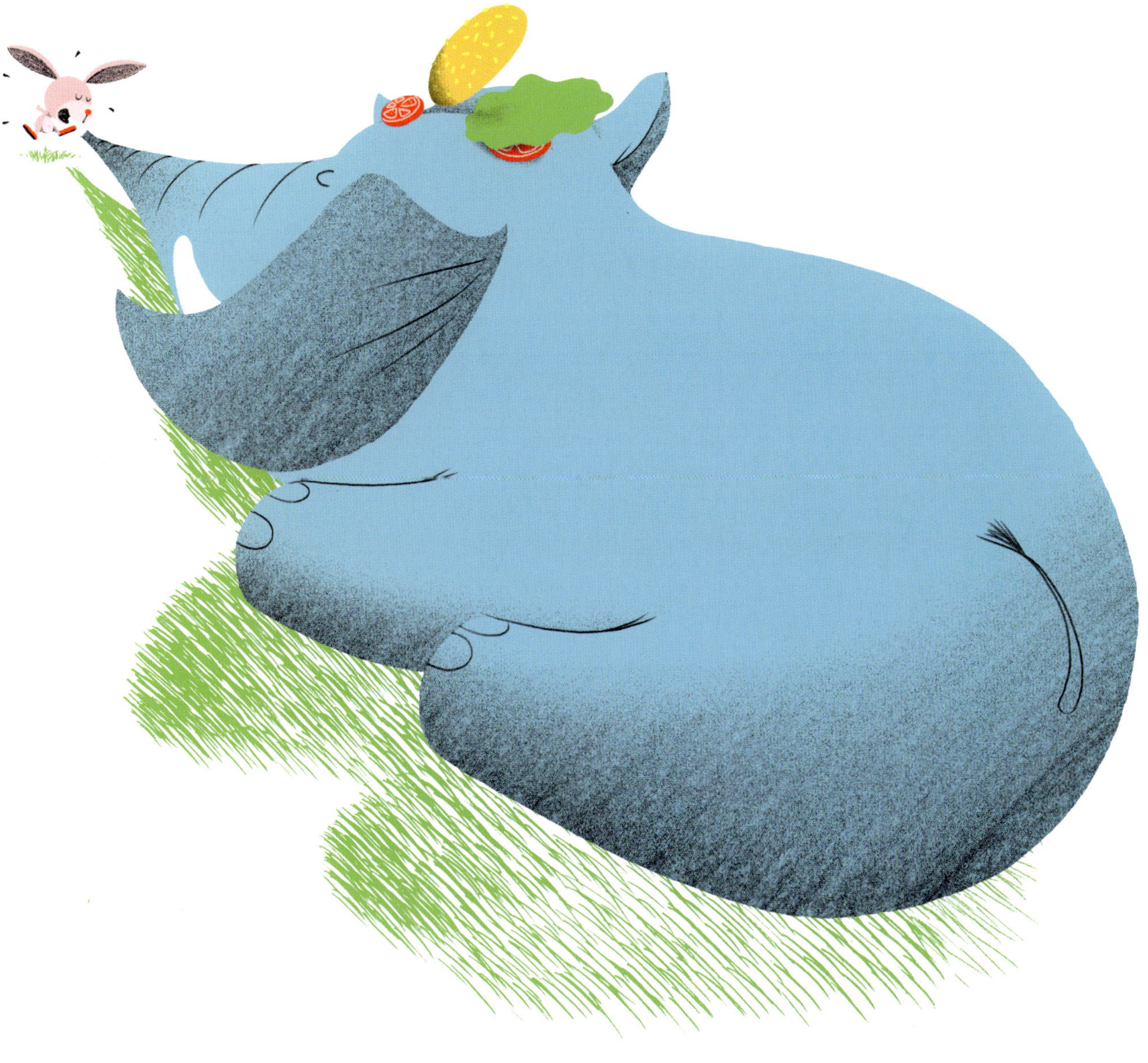

On se lave bien les mains en sortant des toilettes.

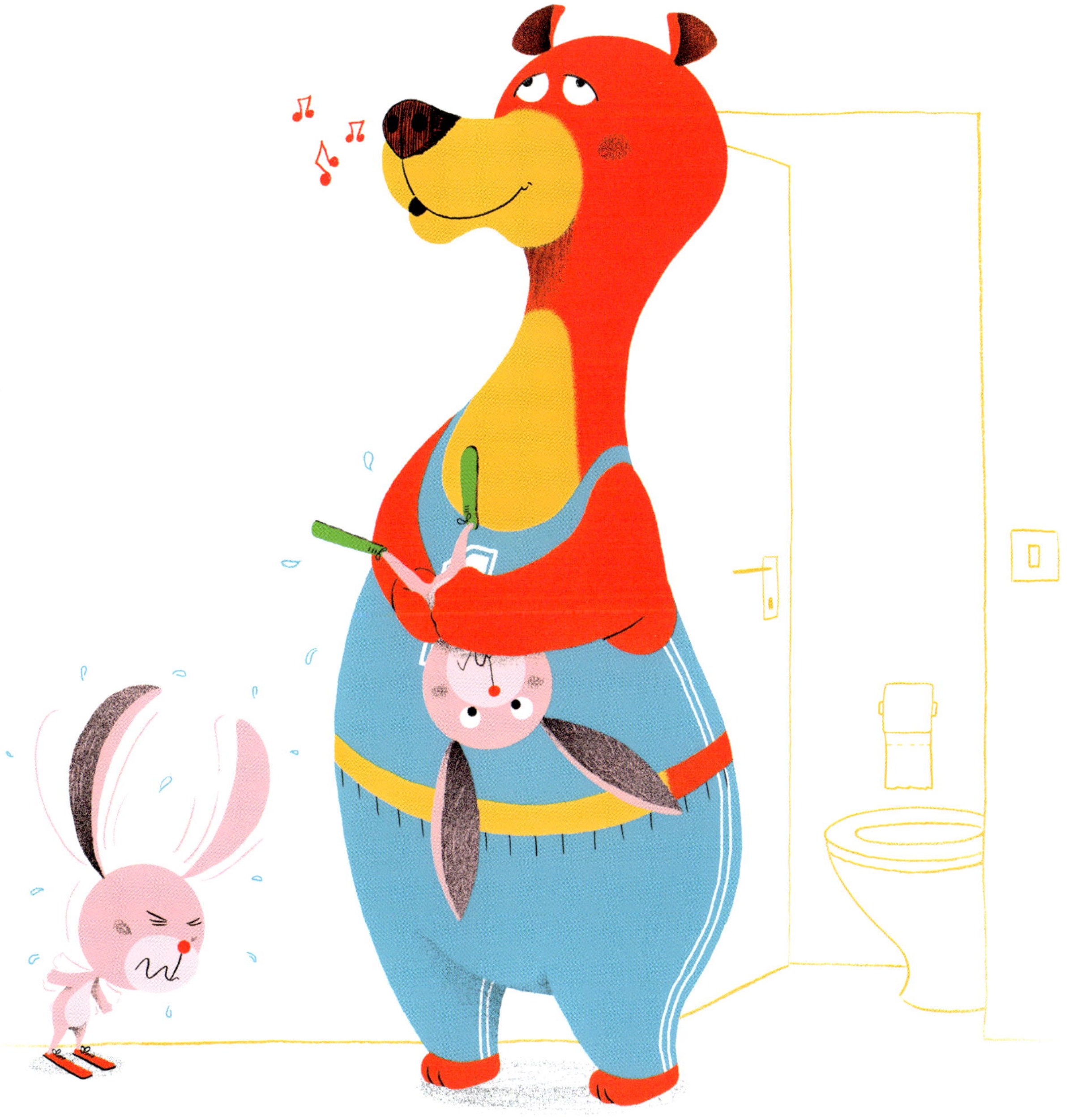

On respecte
les personnes âgées.

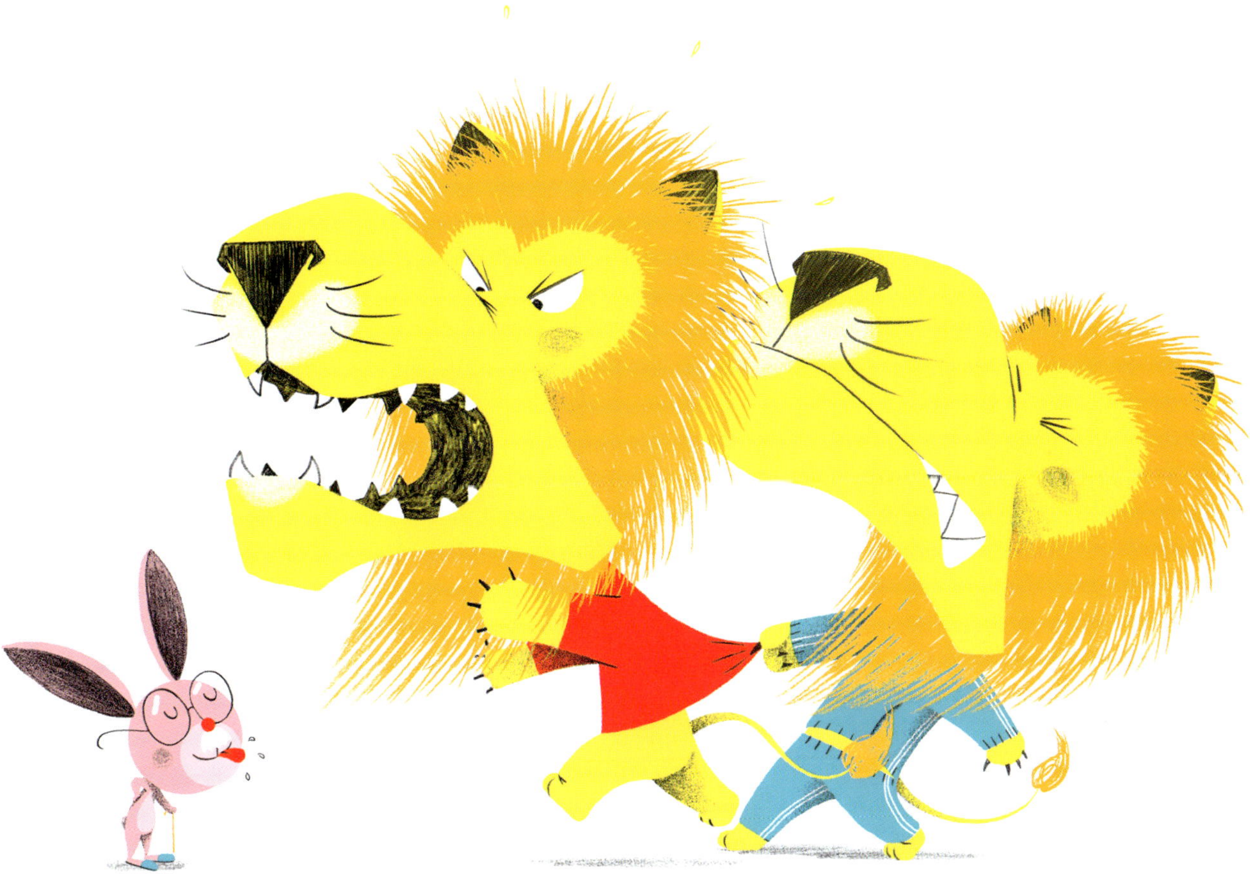

On ouvre la porte aux dames.

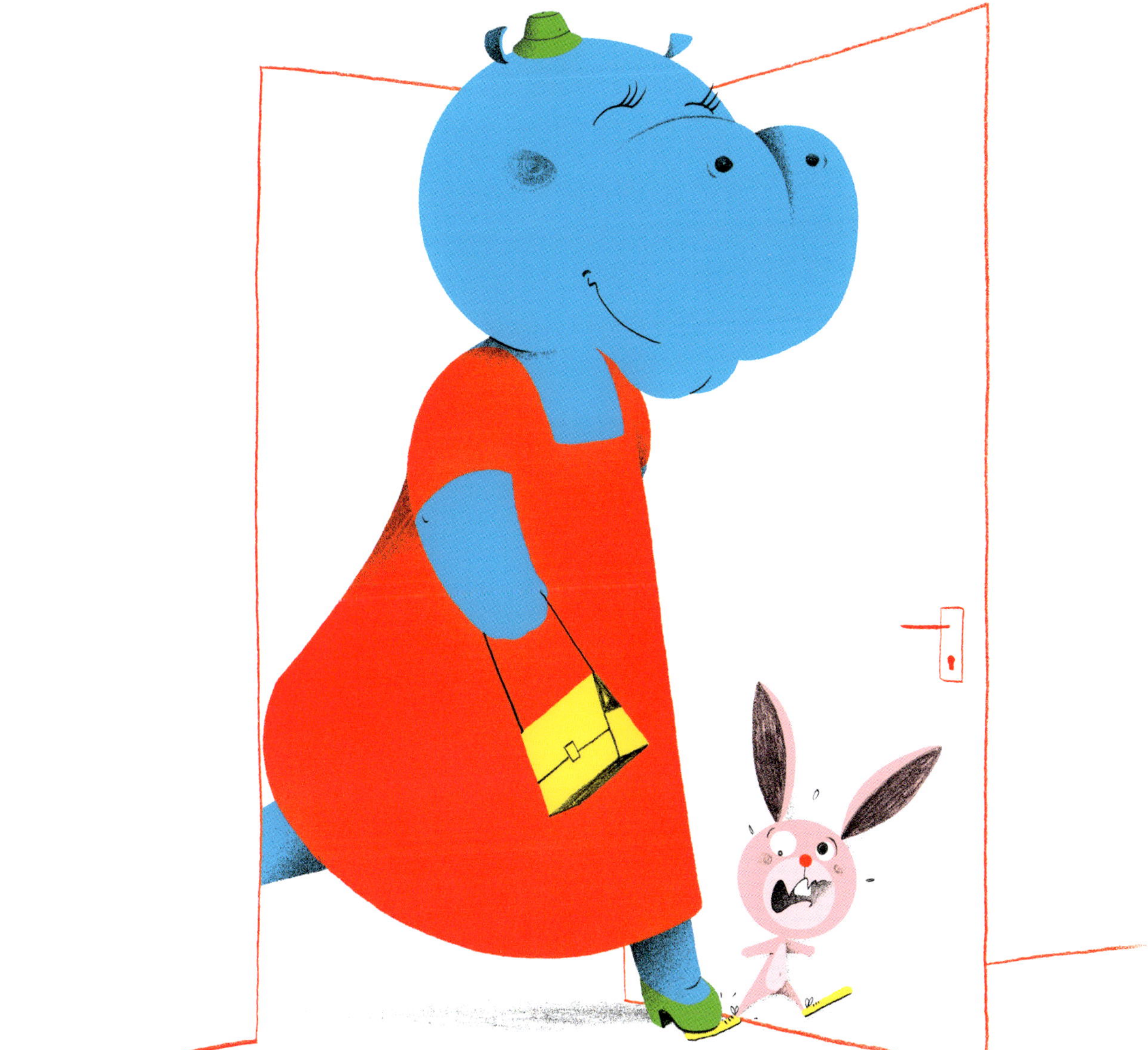

On ne s'amuse pas
à faire râler les autres.

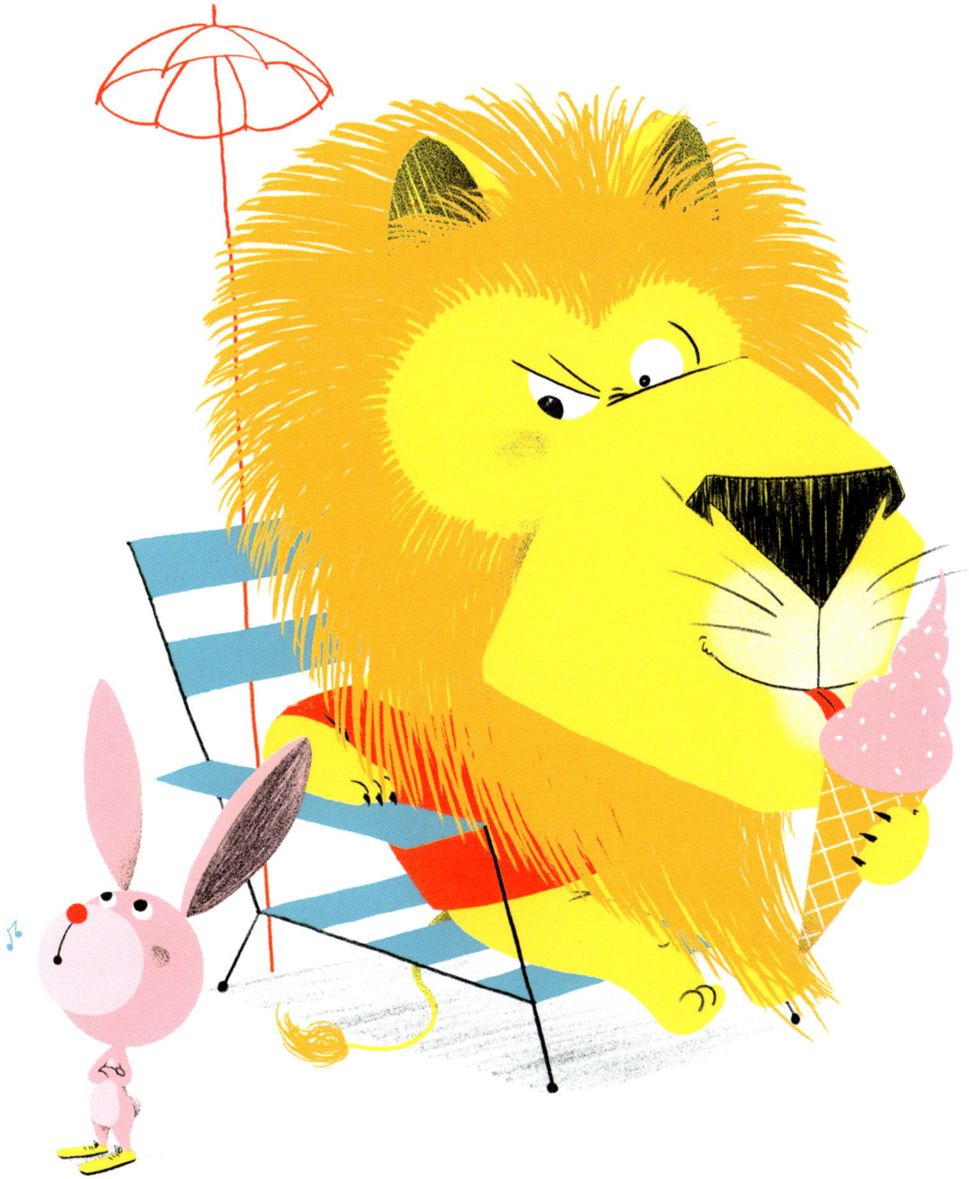

On ne fait pas
de crise de jalousie.

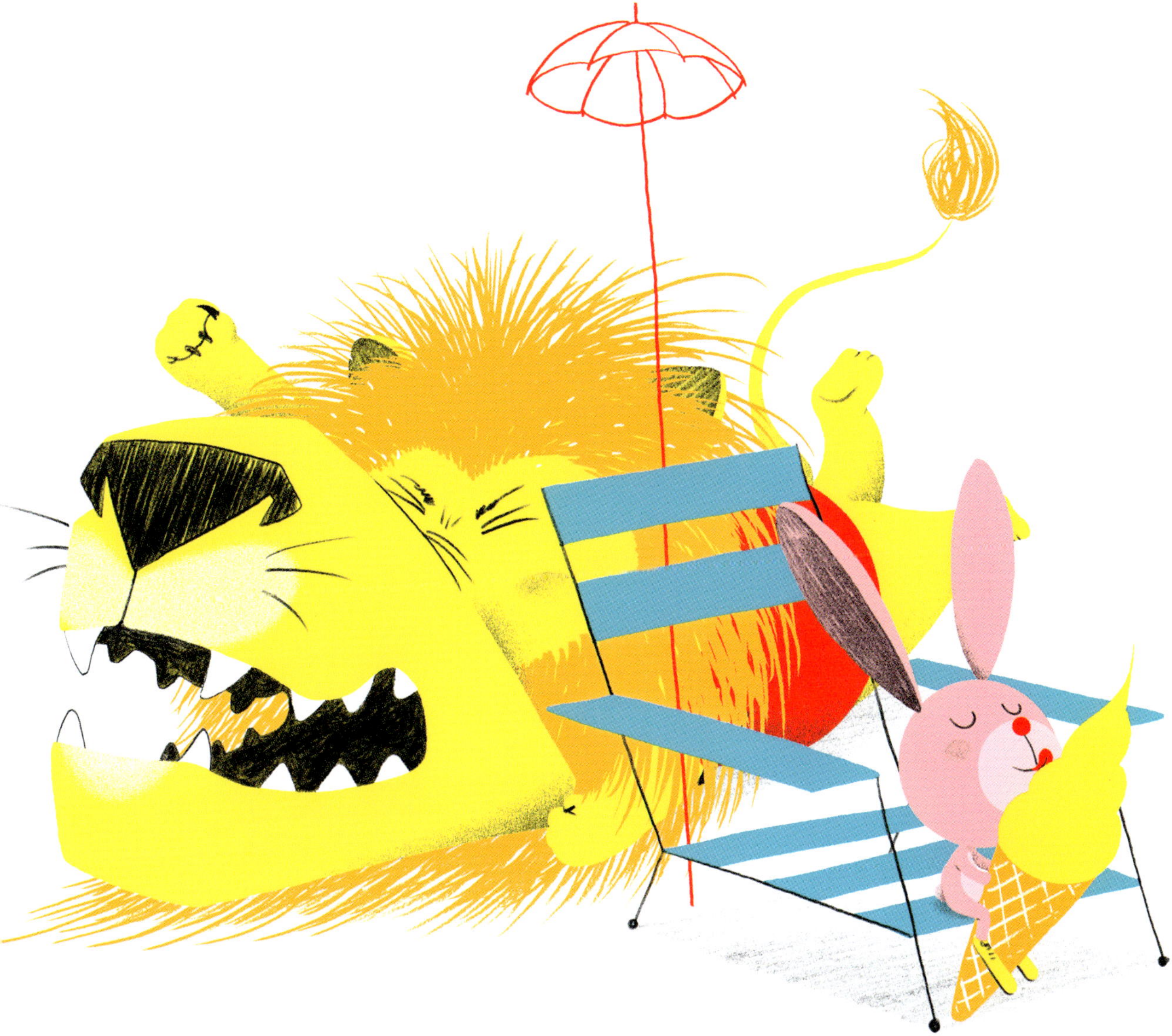

On ne se met pas
les doigts dans le nez.

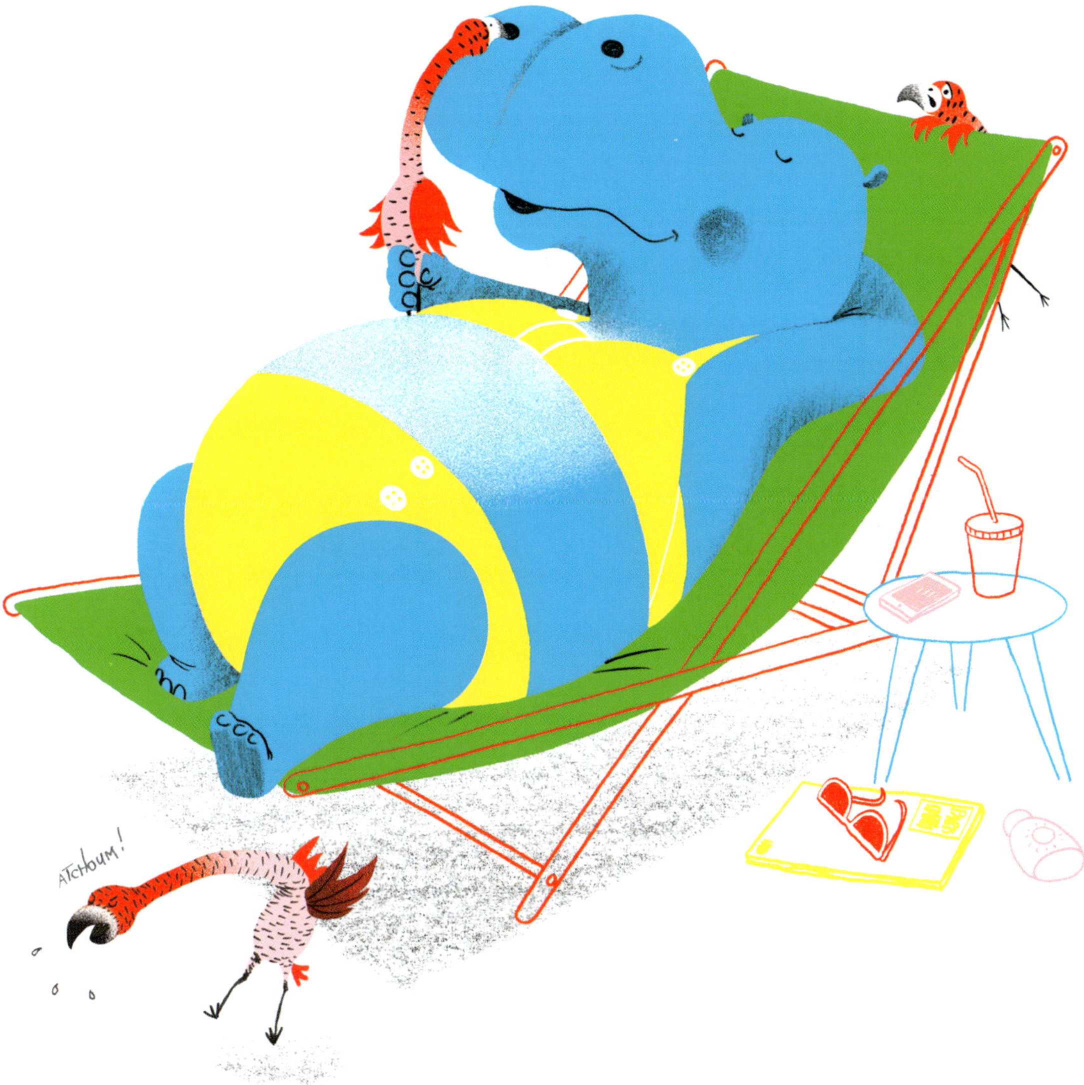
ATCHOUM!

On propose son aide.

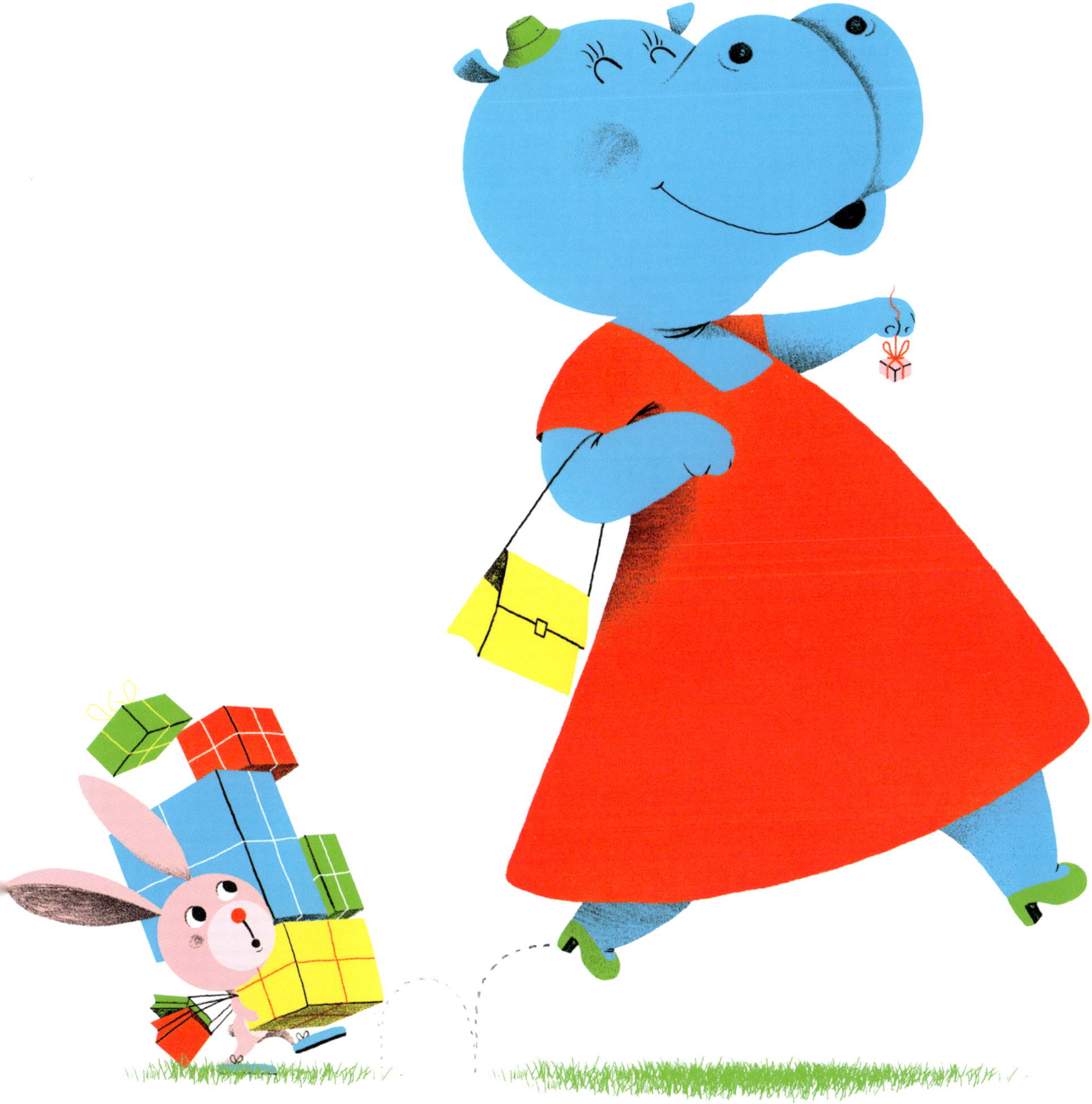

Quand on veut quelque chose, on dit : « S'il te plaît ».

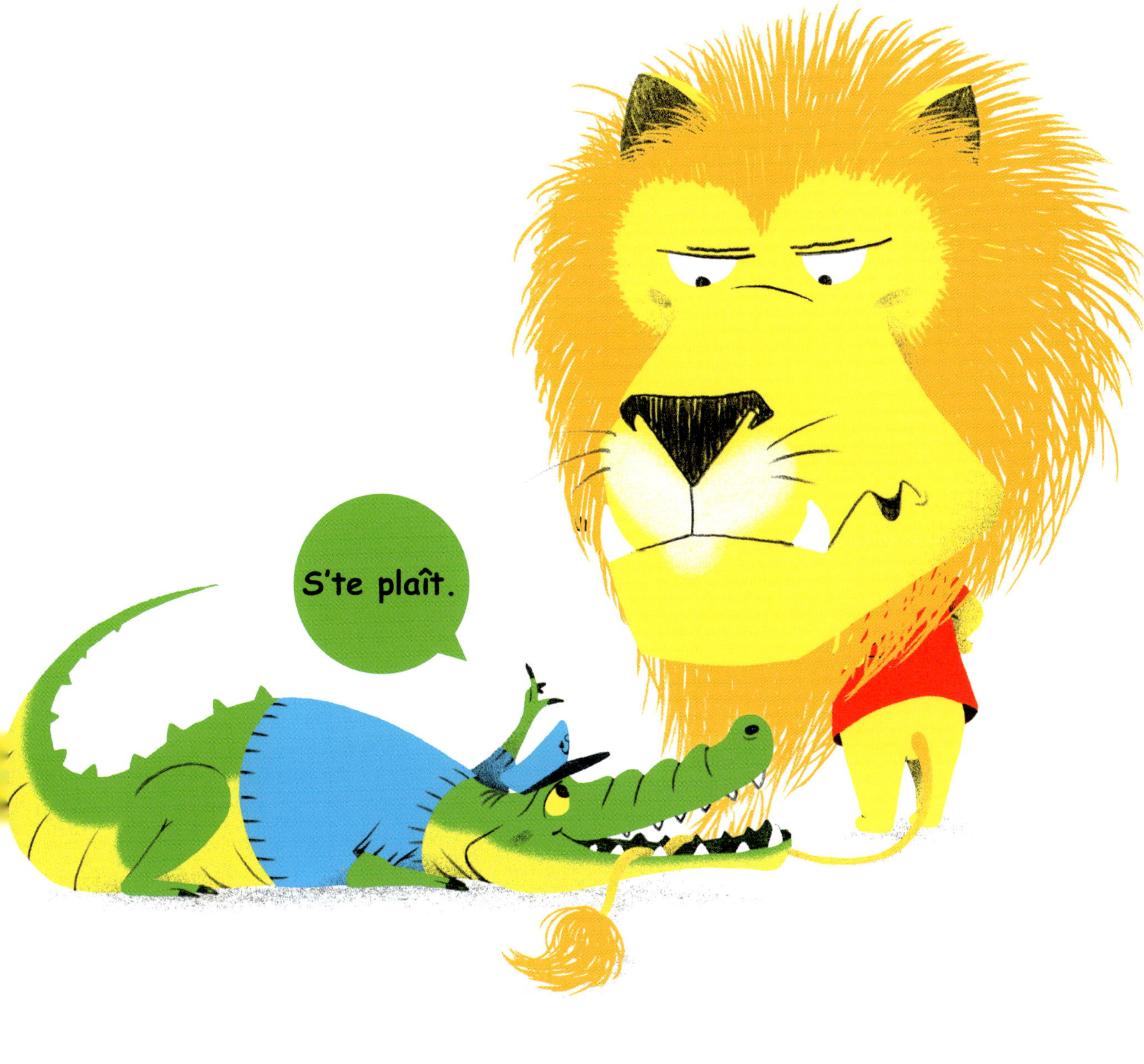
S'te plaît.

On ne jette pas par terre.

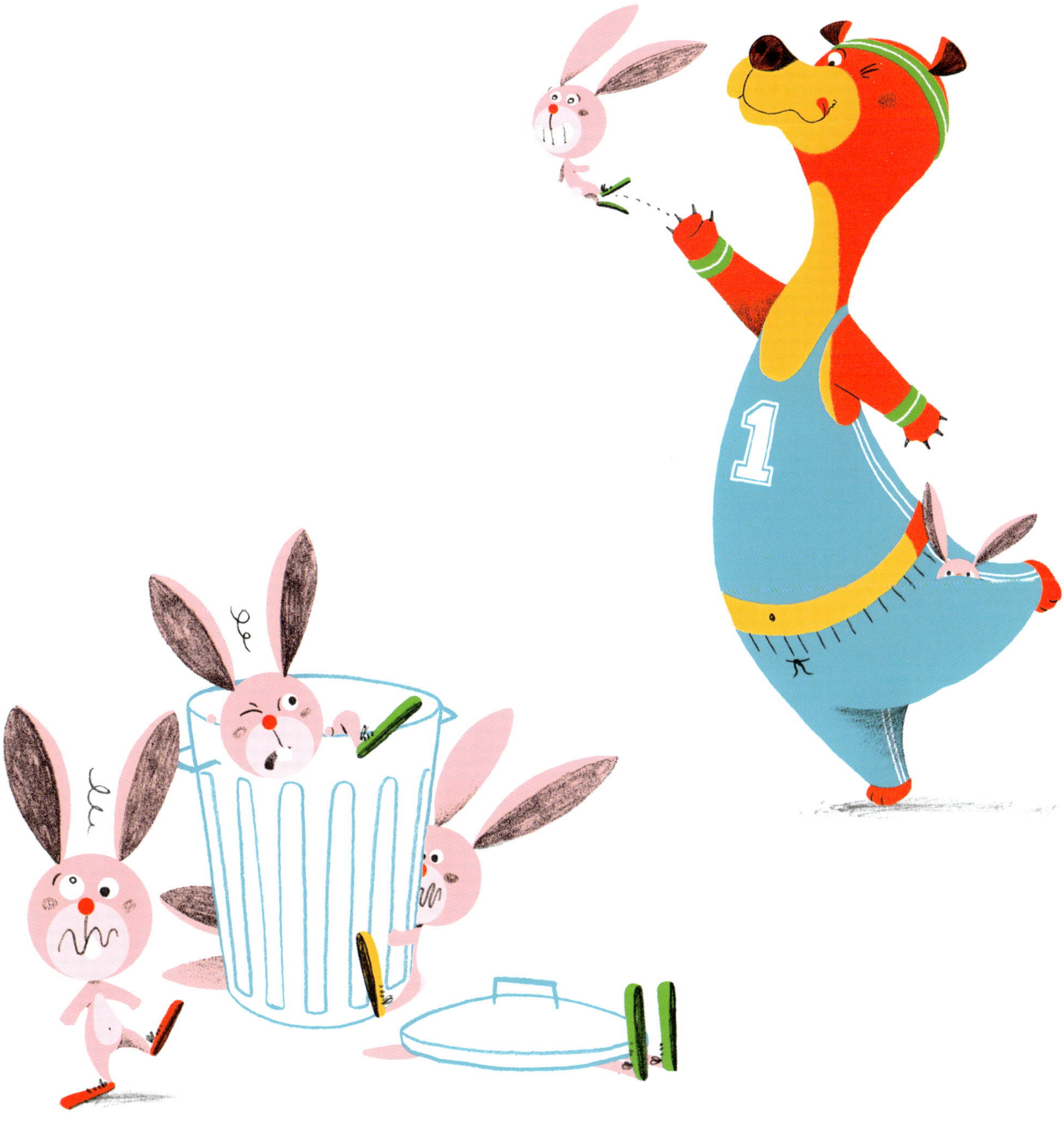

Quand on ne veut pas,
on dit :
« Non merci ».

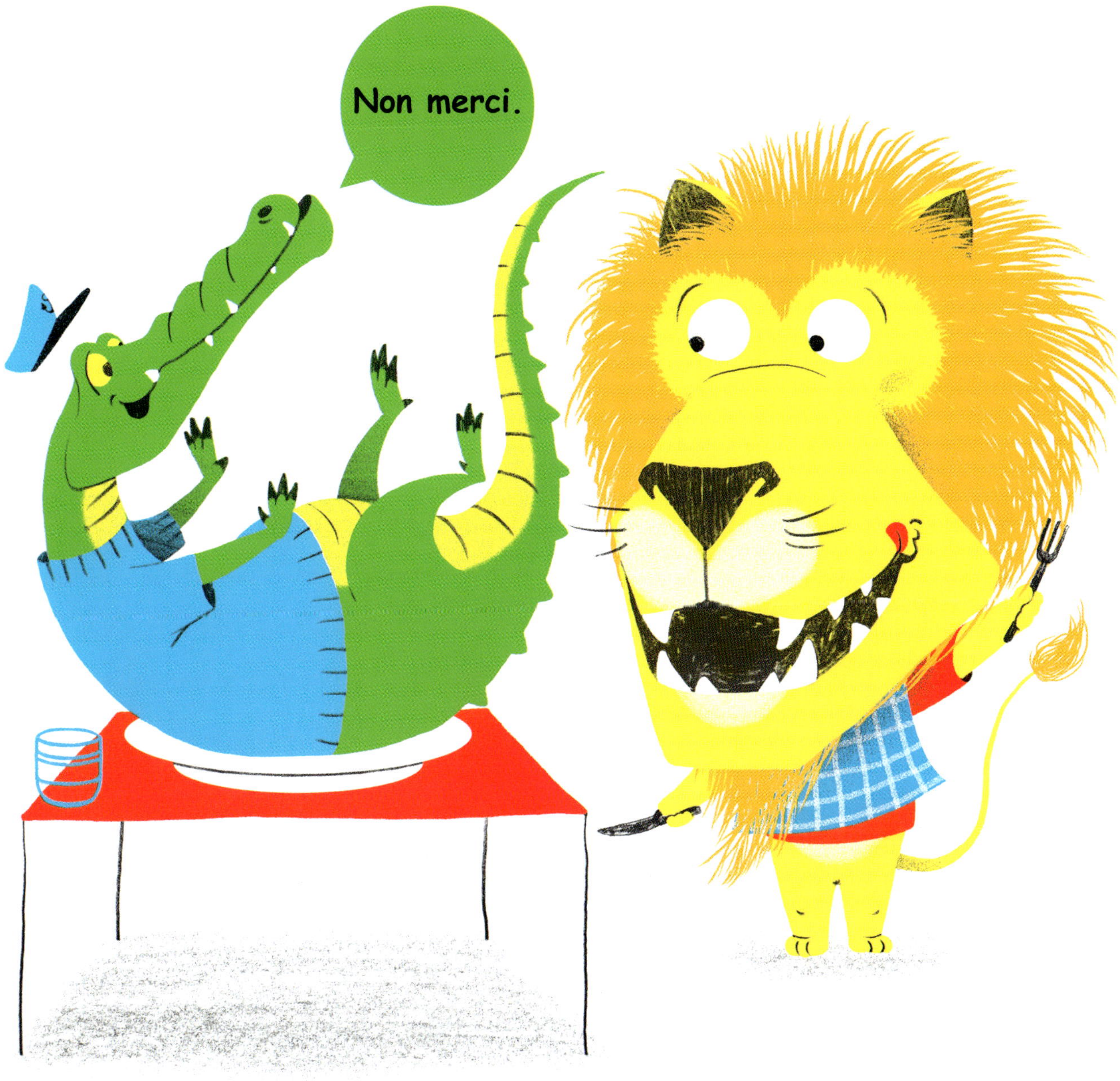
Non merci.

On aide à ranger
avant de partir.

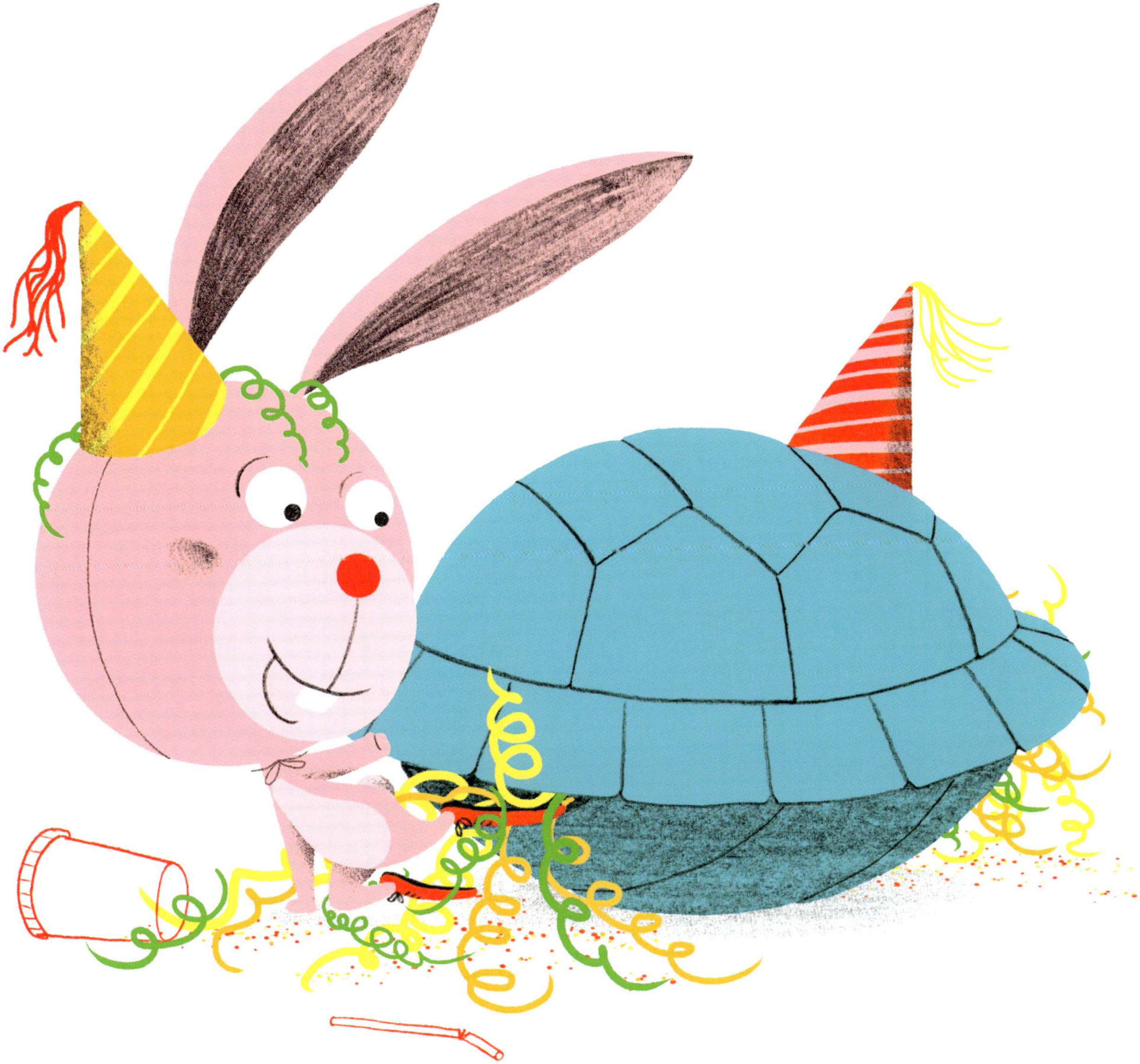

Quand on ne peut pas
retenir un petit rot,
on met la main
devant la bouche
et on s'excuse.

BLURP!!!

On ne montre pas du doigt.

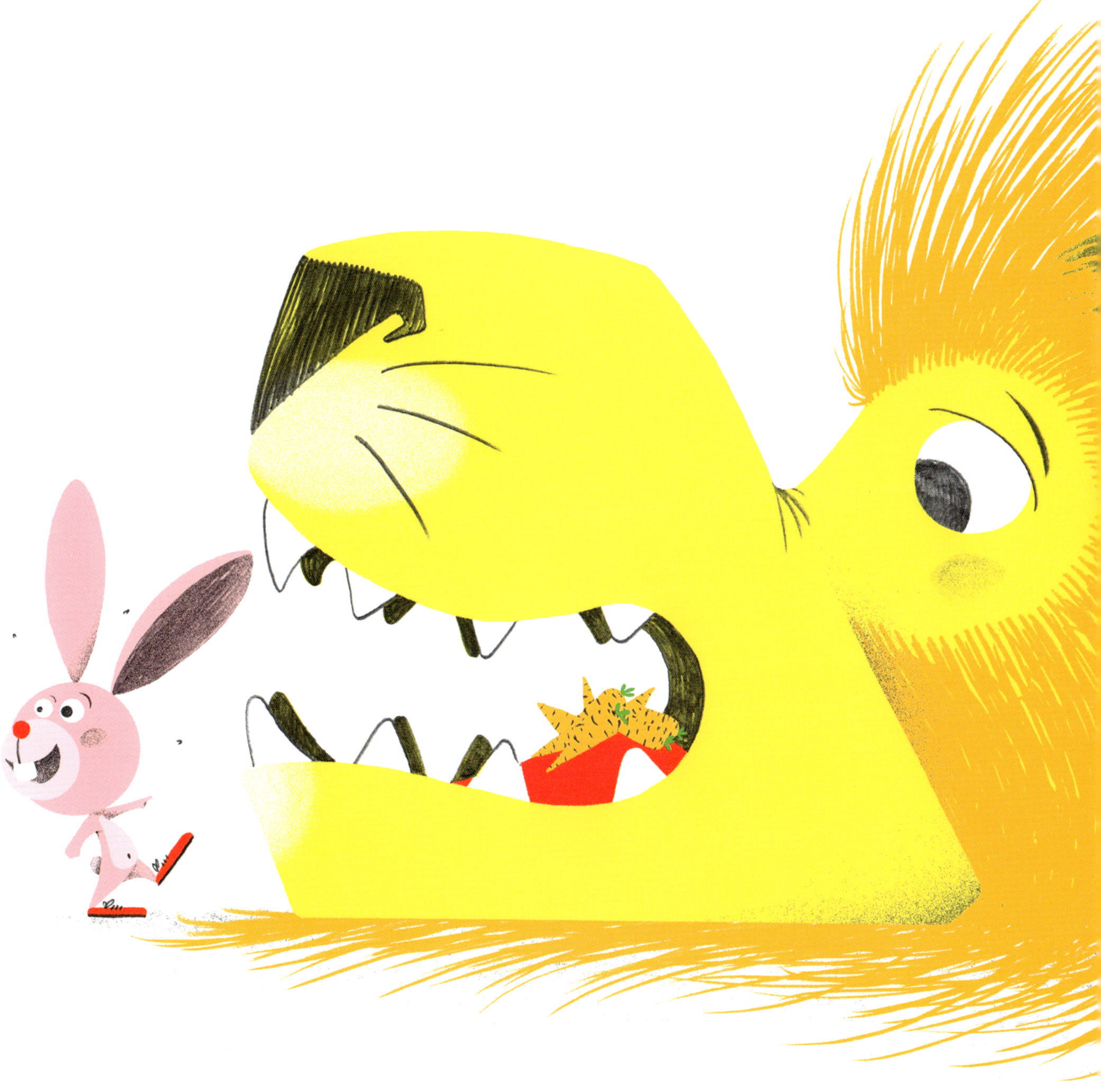

On n'emprunte pas les affaires des autres sans leur permission.

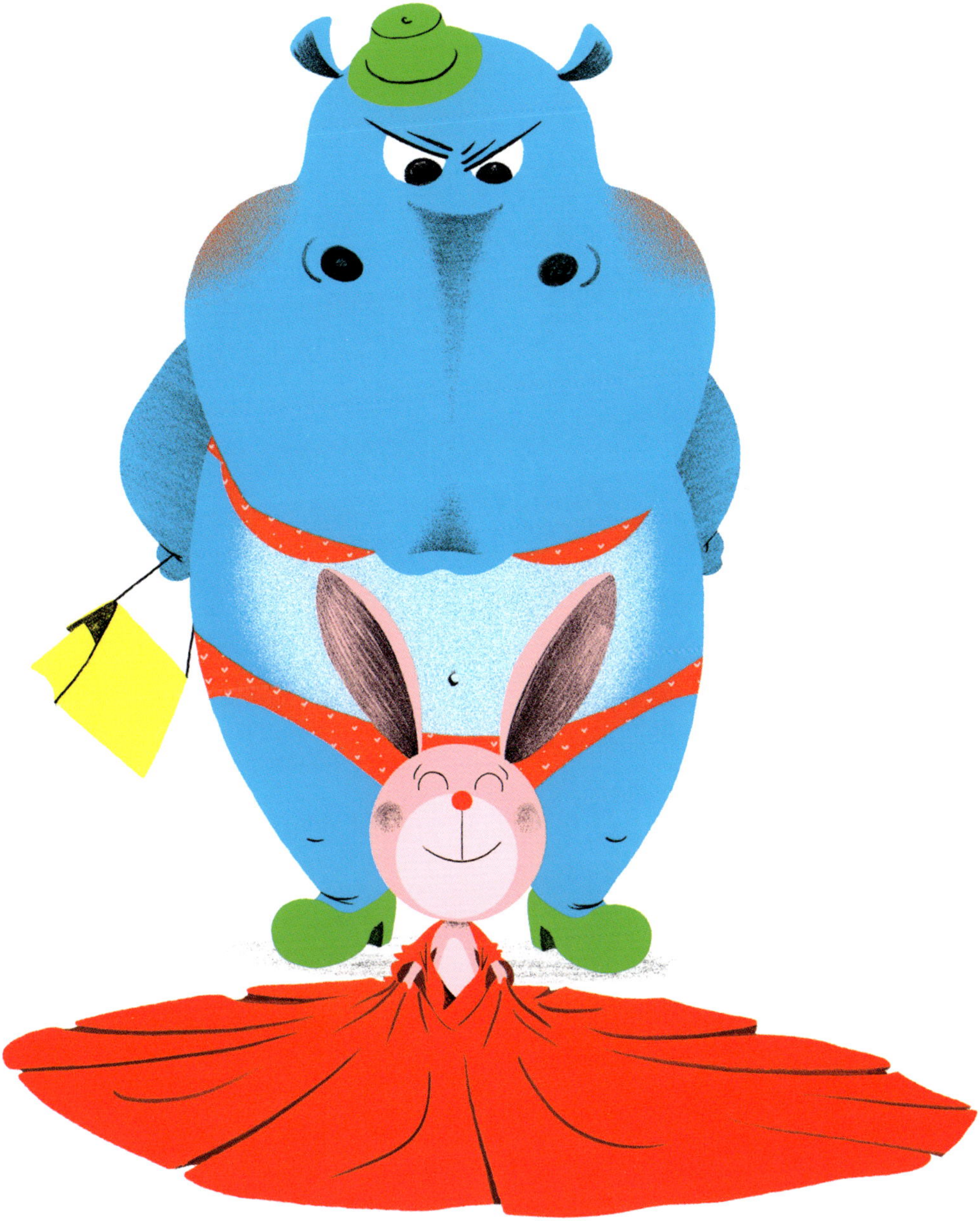

On ne dit pas
de gros mots.

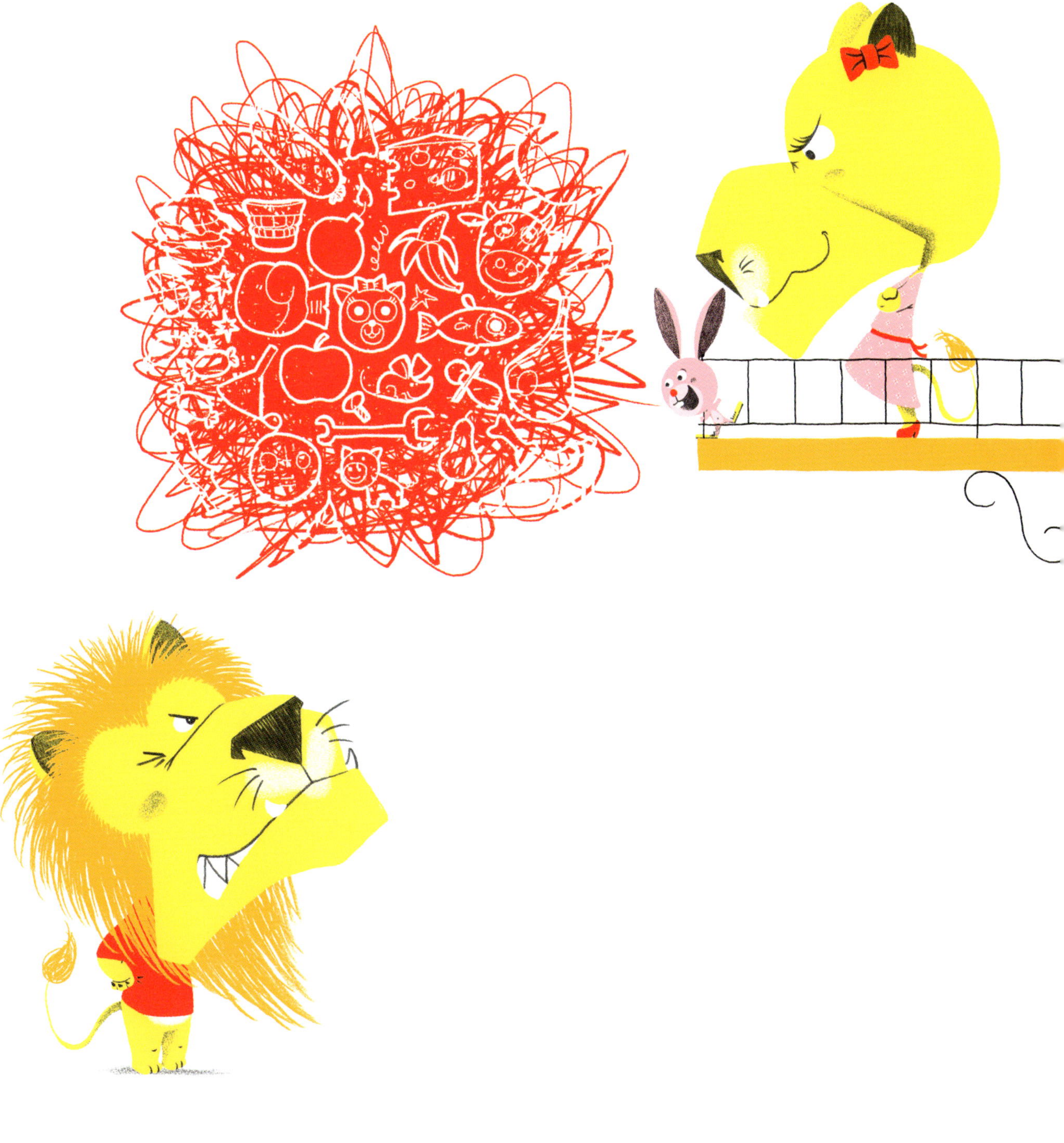

On n'écoute pas aux portes.

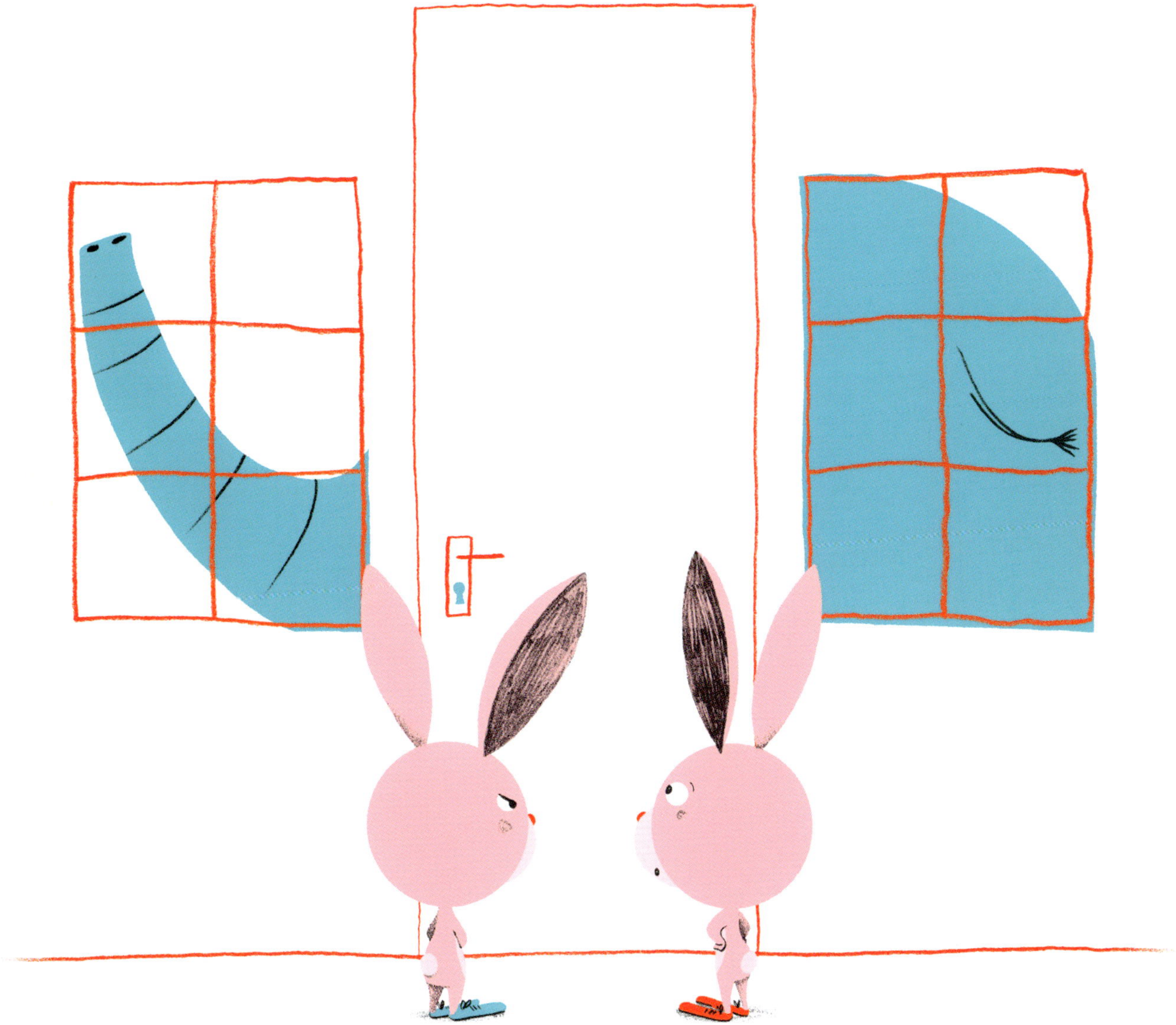

On ne met pas
les coudes sur la table.

BLAM!!!

On ouvre et on ferme délicatement les portes.

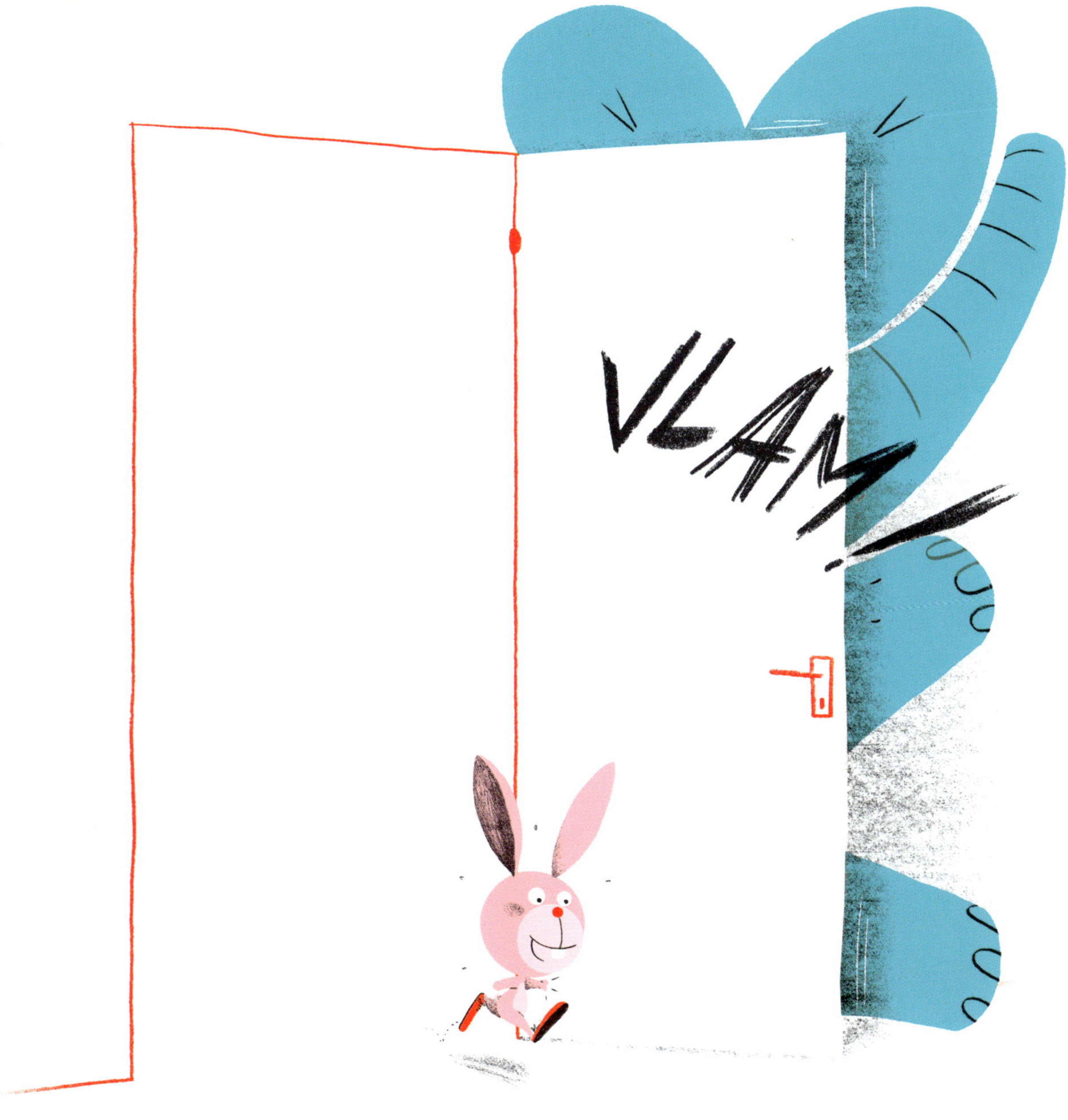
VLAM !

On ne crie pas
pour rien.

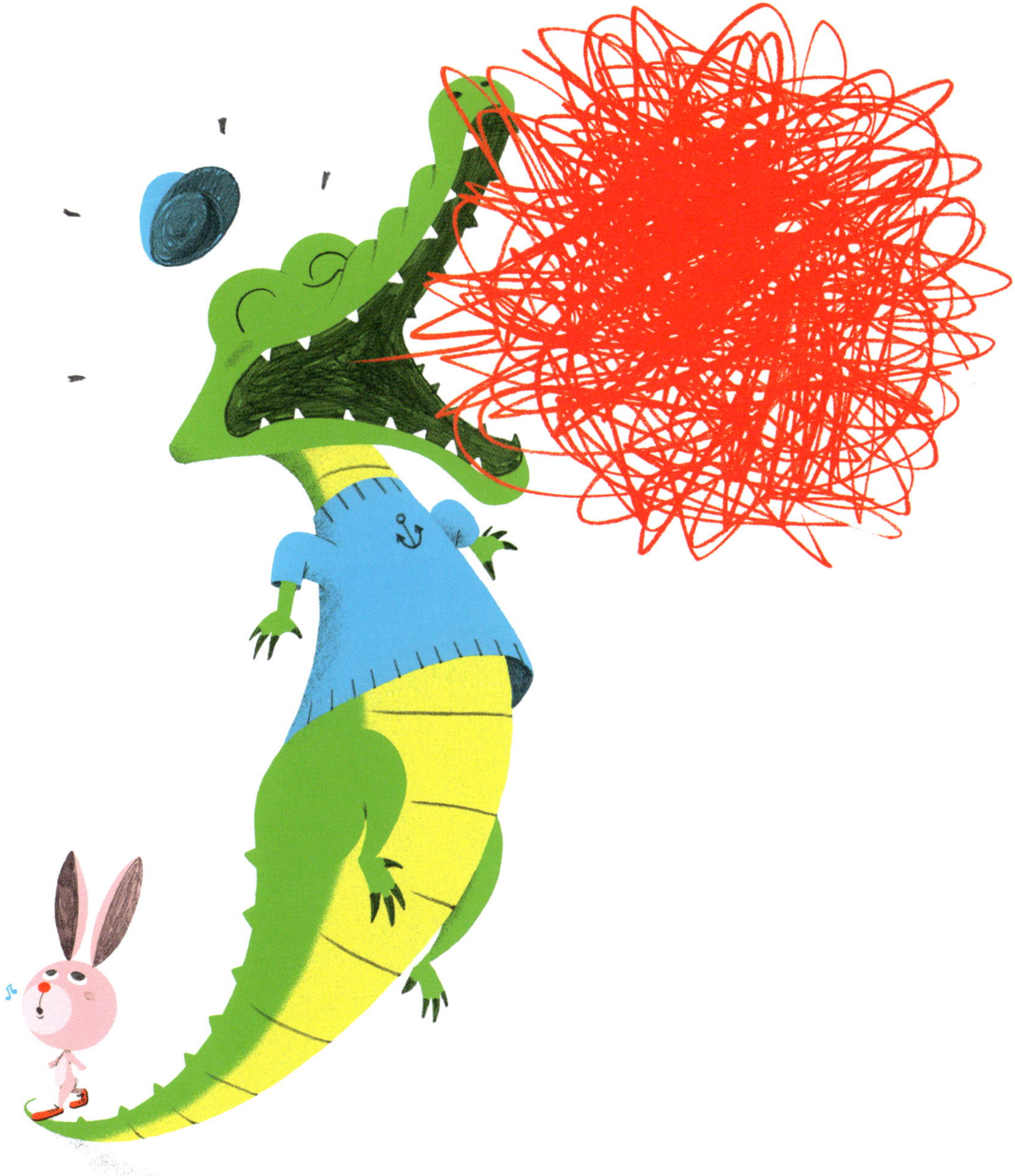

On regarde la personne
à qui on parle.

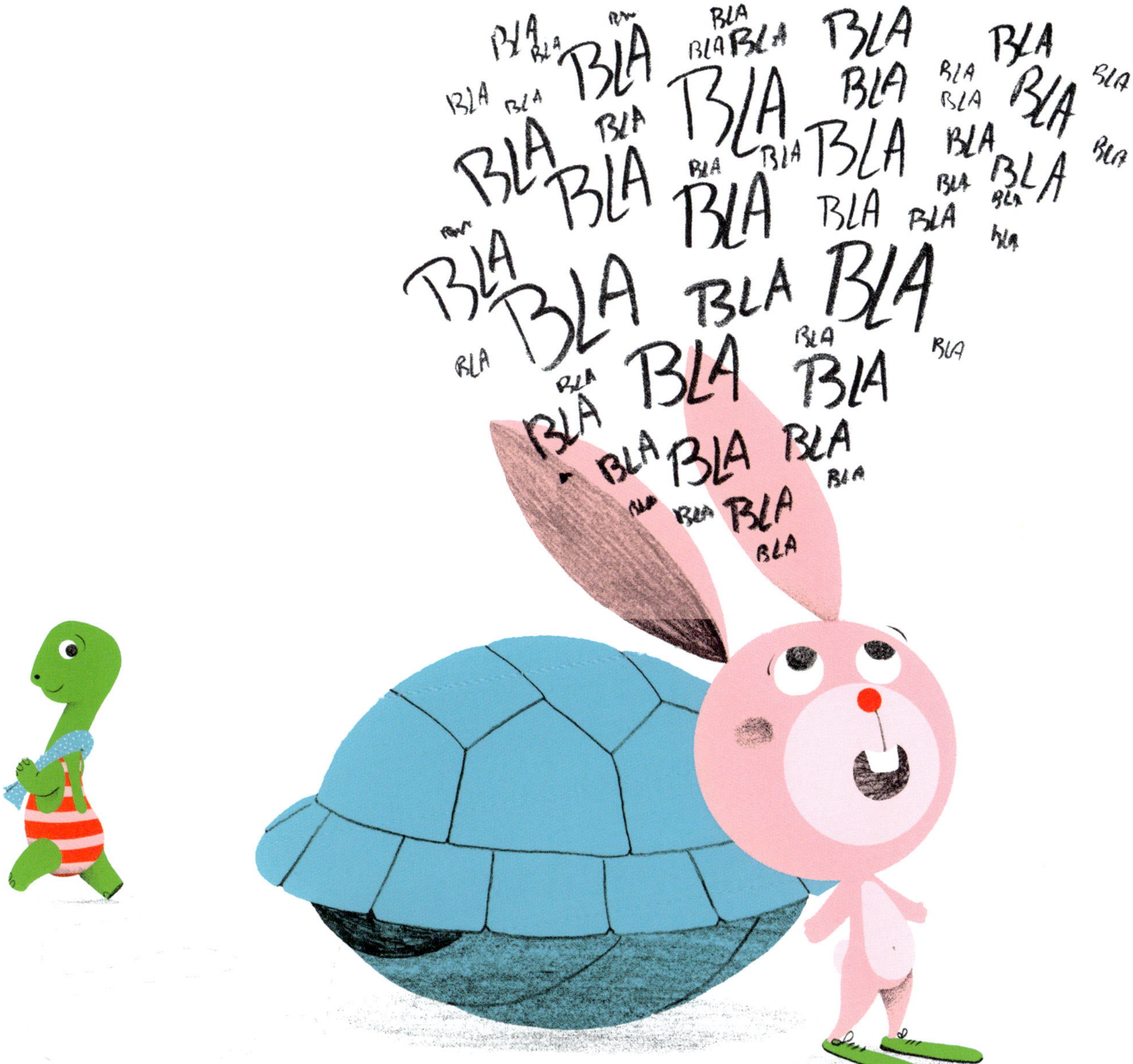
BLA BLA BLA BLA BLA BLA BLA BLA BLA BLA

On attend patiemment son tour.

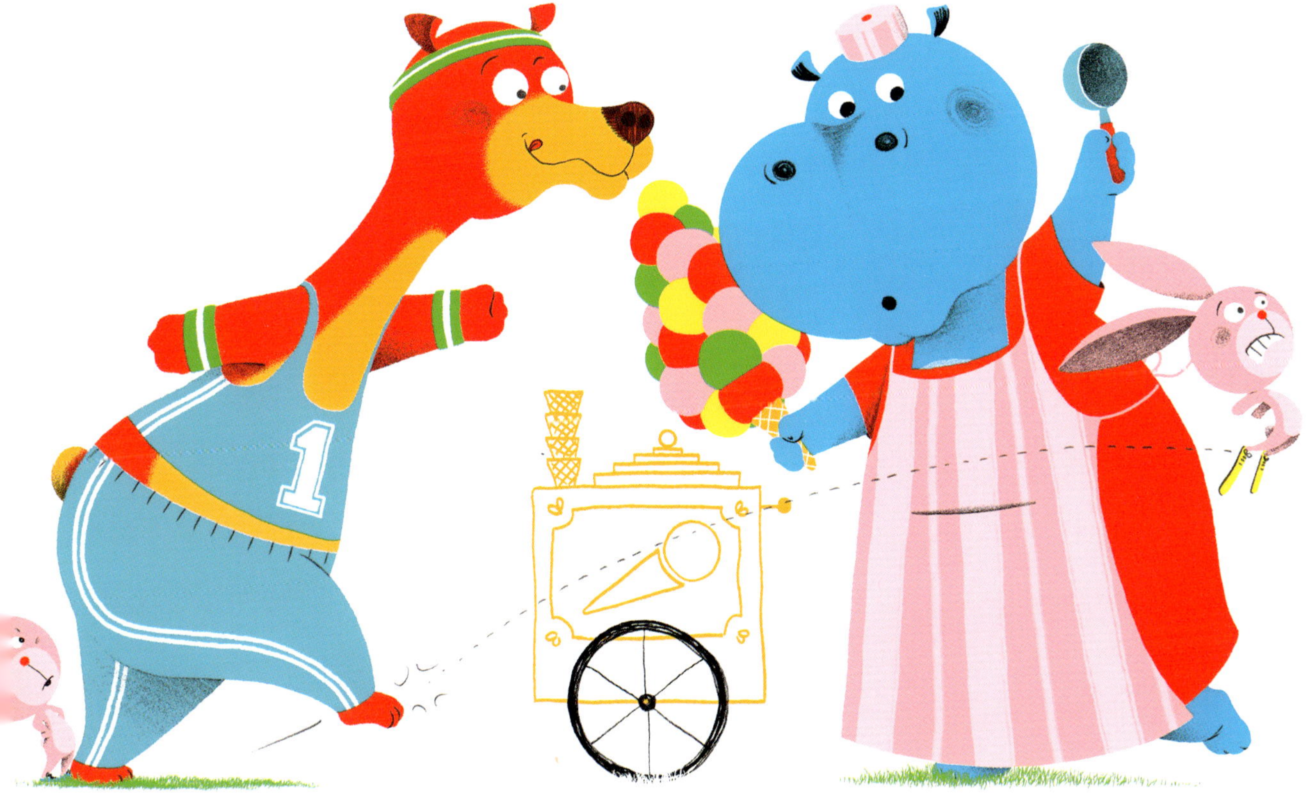

Quand on n'a pas
bien entendu,
on ne dit pas :
« Hein ? »
ou : « Quoi ? »
mais : « Comment ? »
ou : « Pardon ? »

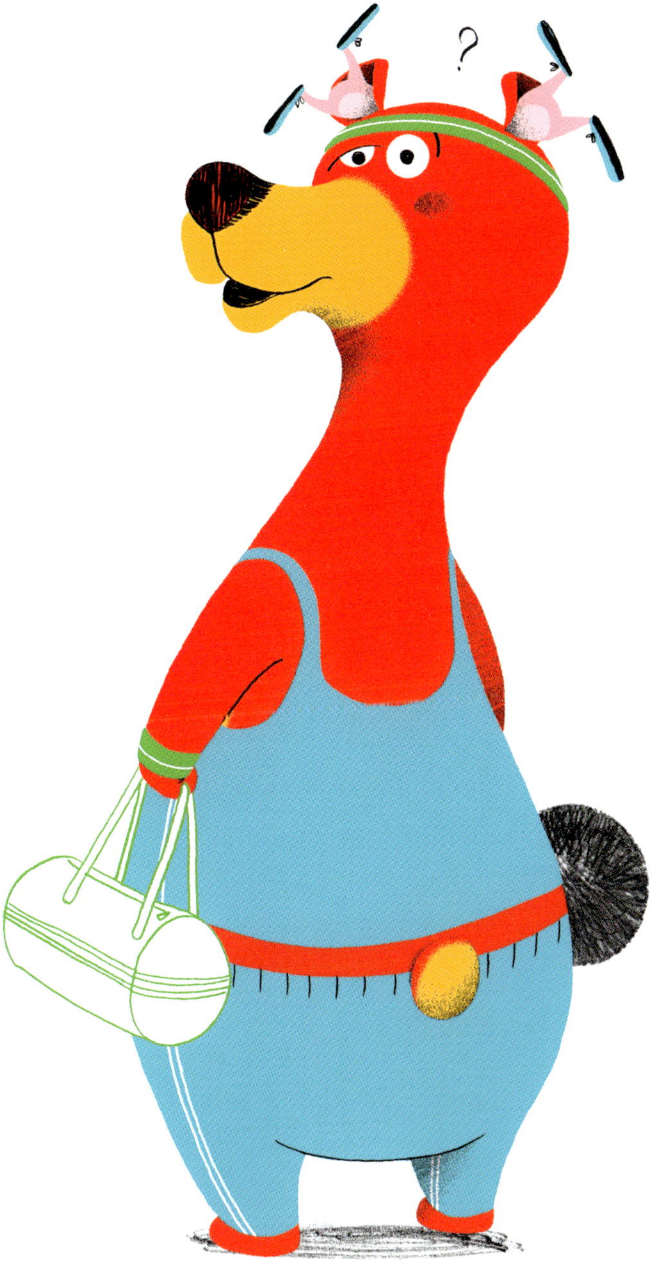

Quand on part,
on dit :
« Au revoir ».

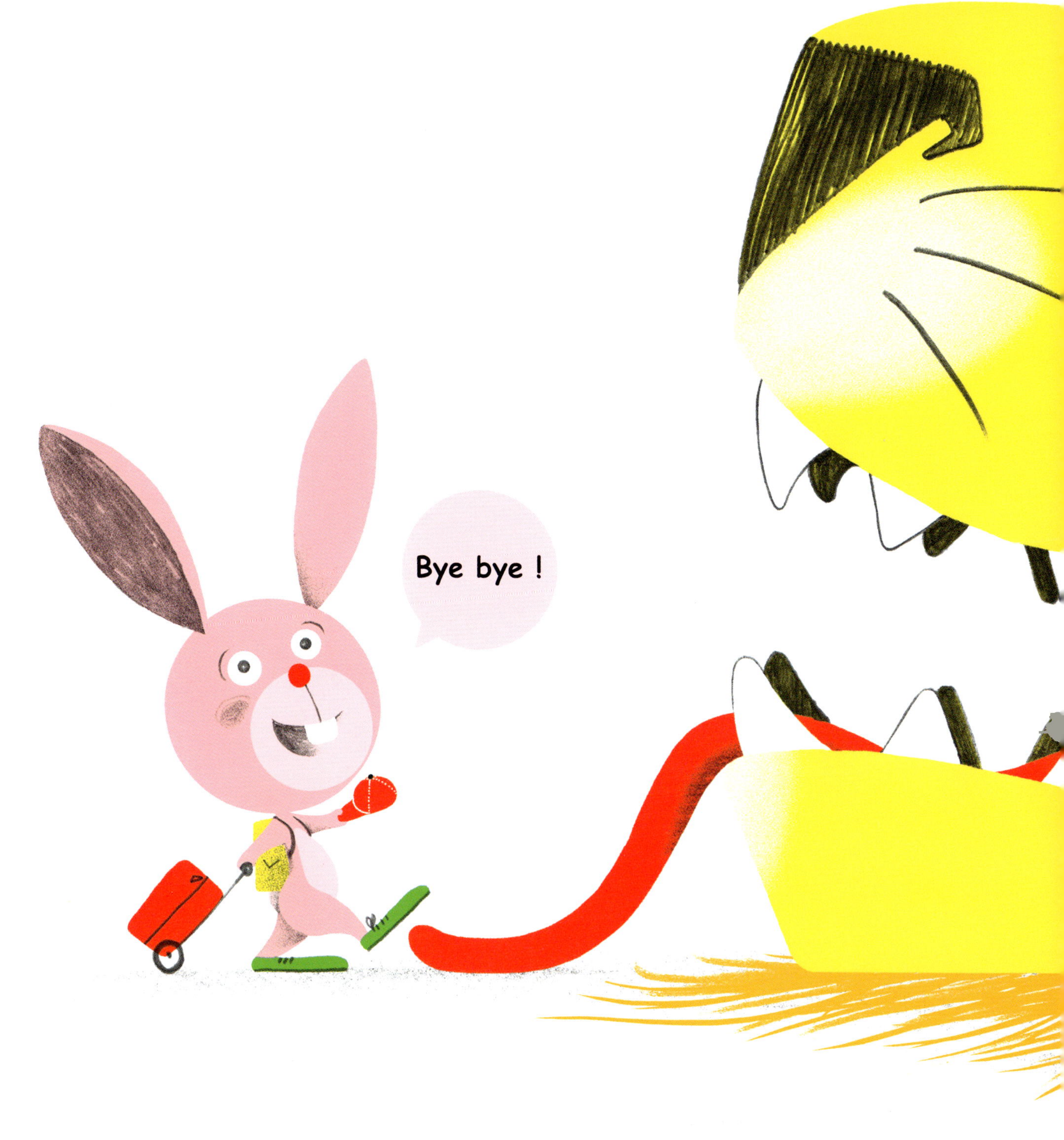
Bye bye !

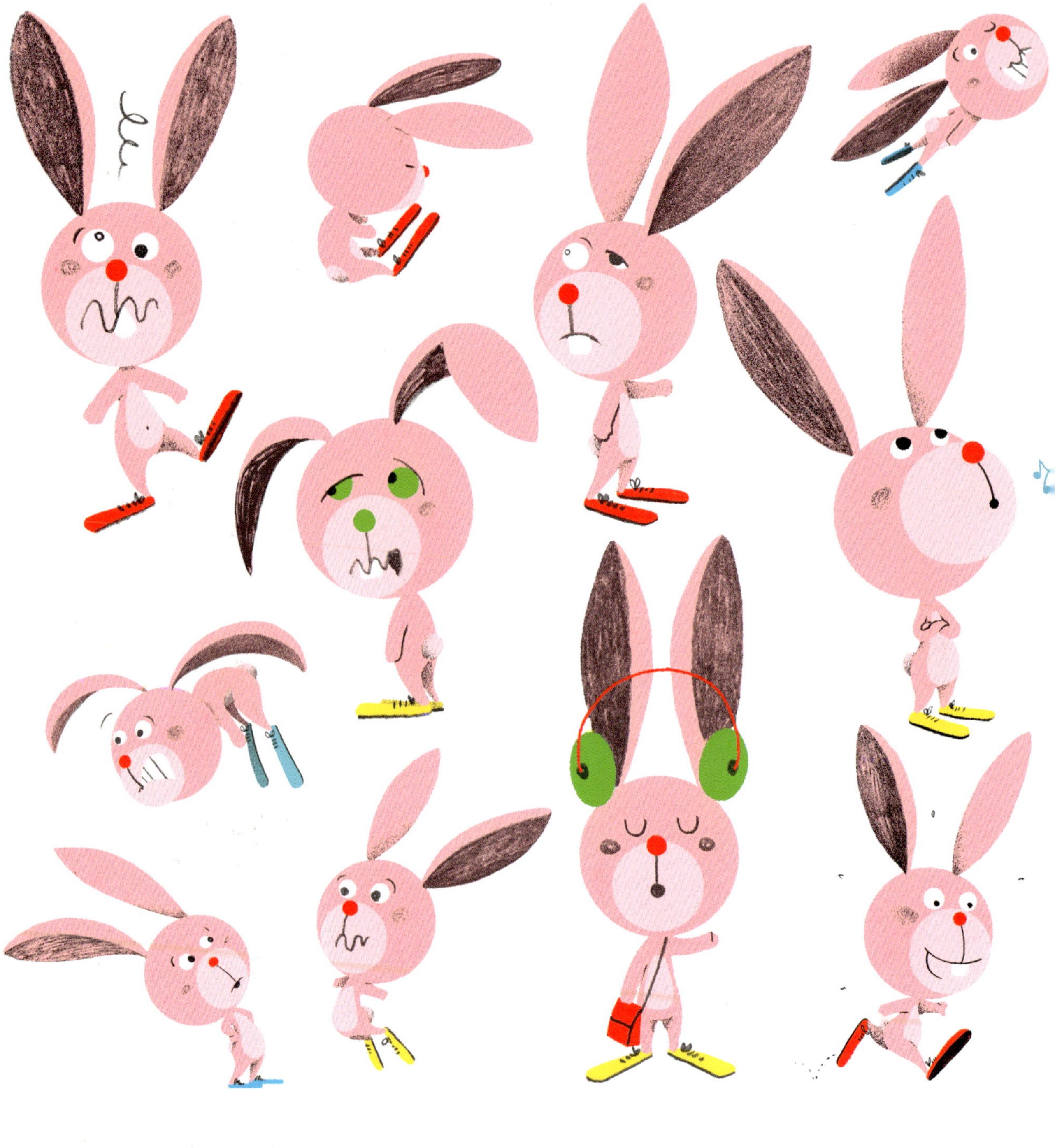